CHWE DIWI

GWEDDïO

Llawlyfr Defosiwn Wythnosol

1997

PRIS – £2.30

Y SWYDDFA GENHADOL
UNDEB YR ANNIBYNWYR CYMRAEG
TŶ JOHN PENRI
11 HEOL SANT HELEN, ABERTAWE

ISBN 1-871799-26-0

Argraffwyd gan Wasg John Penri, Abertawe

CYFLWYNIAD

'Chwe diwrnod yr wyt i weithio a gwneud dy holl waith . . . oherwydd mewn chwe diwrnod y gwnaeth yr Arglwydd y nefoedd a'r ddaear, y môr a'r cyfan sydd ynddo . . .' [Ecsodus 20. 9, 11]. Felly y dywed y Deg Gorchymyn. A *Chwe Diwrnod Duw* a ddewiswyd fel teitl i'r Llawlyfr Gweddïo hwn ar gyfer 1997.

Gwelodd Eglwys Bresbyteraidd Cymru yn dda i wahodd y Parchg. M. Angharad Roberts i fod yn brif awdur y gyfrol hon. Dewisodd hithau ymdrin â gwaith amryfal Duw yn y byd. Diolchwn iddi am y gymwynas hon o'i heiddo, ac am y cyfan a baratôdd wrth arwain y darllenydd i lu o feysydd gwahanol. Y mae hefyd wedi'n hatgoffa am nifer o'r partneriaid sydd gennym drwy CWM, Cyngor y Genhadaeth Fyd-eang, ar draws y byd. Y mae'n briodol iawn, er enghraifft, fod cyfeiriad at, a chyfle i gofio mewn gweddi, ein cyfeillion yn Hong Kong, a'r diriogaeth honno'r dychwelyd i ofal a llywodraeth China ar Orffennaf 1, 1997.

Diolchwn i'r cyfeillion eraill o blith Undeb yr Annibynwyr Cymraeg a luniodd y gweddïau sydd yn yr Atodiad. Hyderwn y gwêl unigolion ac eglwysi'n dda i'w defnyddio, ac i dderbyn bendith o wneud hynny.

Yr wyf yn ddyledus i'm hysgrifenyddes yn y Swyddfa Genhadol, Mrs. Delyth Evans, am ei chymorth a'i chefnogaeth wrth baratoi'r llawlyfr, i Susan Suasey, sydd yng ngwasanaeth yr Eglwys Ddiwygiedig Unedig, am gynllunio'r clawr, ac i Mr. Elfryn Thomas, a'i gydweithwyr yng Nghwasg John Penri, am eu cymorth gyda'r argraffu. Y mae hefyd lu o gyfeillion ym mhob cwr o Gymru sy'n cynorthwyo, flwyddyn ar ôl blwyddyn, i werthu'r llawlyfr Gweddïo. Diolch iddynt hwythau. A diolch i'r rhai sy'n prynu ac yn defnyddio'r llyfr yn flynyddol ac yn cael bendith ohono. Bu'n fraint i minnau i gael rhan yn ei baratoi.

IOAN W. GRUFFYDD

Y Swyddfa Genhadol,
Tŷ John Penri,
11 Heol Sant Helen,
Abertawe SA1 4AL

Yr Awduron:

Y Parchg. Beti-Wyn Davies.
Brodor o Glydach, Cwm Tawe. Wedi treulio rhai blynyddoedd yn y Gwasanaeth Sifil, daeth i wasanaethu fel Ysgrifenyddes yn y Swyddfa Genhadol yn Nhŷ John Penri, Abertawe. Oddi yno, aeth i Aberystwyth i Goleg yr Annibynwyr Cymraeg i baratoi ar gyfer y Weinidogaeth. Oddi ar 1994, hi yw gweinidog Eglwys Annibynnol Gymraeg y Barri.

Y Parchg. Noel A. Davies.
Brodor o Ddowlais. Ar ôl derbyn hyfforddiant yn Rhydychen a Bangor, bu'n weinidog yn Eglwys yr Annibynwyr ym Mryn Seion, Glanaman. Oddi ar 1970, gwasanaethodd fel Ysgrifennydd Cyffredinol Cyngor Eglwysi Cymru a Chomisiwn yr Eglwysi Cyfamodol, a Chytûn wedi hynny. Ym 1996, derbyniodd yn ychwanegol at ei gyfrifoldebau alwad i fod yn weinidog Eglwys yr Annibynwyr yn Ebeneser Newydd, Abertawe.

Y Parchg. Jill-Hailey Harries.
Brodor o Landysilio. Ar ôl cwblhau ei chyfnod yng Ngholeg yr Annibynwyr Cymraeg yn Aberystwyth, penodwyd hi'n Swyddog Ieuenctid Undeb yr Annibynwyr Cymraeg. Ym 1991, derbyniodd alwad i weinidogaethu gyda'r Annibynwyr ym Mwlch-y-rhiw, Cil-y-cwm, Cynghordy, Myddfai, a Salem, Llanymddyfri.

Arfon Jones.
Brodor o Ddyffryn Clwyd. Ar ôl graddio mewn cerddoriaeth a diwinyddiaeth ym Mangor, a threulio cyfnod yng ngwasanaeth y Cyngor Unedig ar Alcohol a Chyffuriau eraill, a gwasanaethu fel Swyddog Ieuenctid cyntaf Undeb yr Annibynwyr Cymraeg, ym 1979 penodwyd ef yn Ysgrifennydd Cyffredinol y Cynghrair Efengylaidd yng Nghymru.

Y Parchg. M. Angharad Roberts.
Yn ferch i'r diweddar Barchg. R. Meirion Roberts a'i briod, bu'n gysylltiedig ac amrywiol fannau—fel Yr Amwythig, Harlech, Bangor, Penbedw, Cyffordd Llandudno. Ar ôl gwasanaethu fel athrawes mathemateg, bu'n genhades gyda'r Eglwys Bresbyteraidd ym Mizoram, gydag Eglwys Canolbarth Affrica ym Malawi, a chyda'r Eglwys

Gynulleidfaol Gristionogol yn Samoa. Wedi treulio cyfnod pellach yng ngwasanaeth Cyngor Ysgolion Sul Cymru yng Nghaerdydd a'r Cylch, clybu'r alwad i'r Weinidogaeth, ac wedi cyfnod o baratoi yn y Coleg Diwinyddol Unedig yn Aberystwyth, derbyniodd alwad i wasanaethu'r Eglwys Bresbyteraidd yng Nghwmtirmynach, Llidiardau, Talybont, Y Parc Llanycil a Llandderfel.

Y Parchg. Carys Ann

Brodor o Ben-y-groes, Arfon. Yn dilyn ei chyfnod yn Ngholeg Bala-Bangor, Bangor, bu'n gweinidogaethu gyda'r Annibynwyr oddi ar 1987 yn Eglwysi Glynarthen, Hawen a Bryngwenith, gan ychwanegu at ei gofal ym 1992 Eglwysi Capel y Wig, Capel Crannog, Pantycrugiau, a Phisga.

CYNNWYS

Gweddïwn dros waith Duw ym myd . . .

		Y Henoed	
Ionawr	5	Ein Haelodau Hynaf	8
	12	Prifysgol y Bythol Wyrdd	9
	19	*Age Concern Cymru*	10
	26	Cartrefi Henoed	11
		Meddygaeth	
Chwefror	2	Taiwan	12
	9	Prinder Adnoddau	13
	16	Moeseg	14
	23	Caplaniaid Ysbytai	15
		Addysg	
Mawrth	2	Y Gyfundrefn	16
	9	Athrawon	17
	16	Yr Ysgol Sul	18
	23	Y Colegau Diwinyddol	19
	30	Twfalŵ	20
		Amaeth	
Ebrill	6	Anawsterau	21
	13	Clybiau Ffermwyr Ieuainc	22
	20	Malawi	23
	27	Nawrw	24
		Pobl Ifainc	
Mai	4	Problemau'r Ifanc	25
	11	Coleg y Bala	26
	18	Mizoram	27
	25	Yr Urdd	28
		Gwleidyddiaeth	
Mehefin	1	Ynysoedd Môr y De	29
	8	Cymru	30
	15	Cynghorau Lleol	31
	22	Caplan San Steffan	32
	29	Hong Kong	33

Gorffennaf — Y Gwasanaethau Cymdeithasol
- 6 De India — 34
- 13 Ailsefydlu yn y Gymuned — 35
- 20 Gofalwyr — 36
- 27 Yr Iseldiroedd — 37

Awst — Diwylliant
- 3 Yr Eisteddfod — 38
- 10 Llenyddiaeth — 39
- 17 Cerddoriaeth — 40
- 24 Darlledu — 41
- 31 Gogledd India — 42

Medi — Y Chwiorydd
- 7 Madagascar — 43
- 14 Pwysau Gwaith — 44
- 21 Chwiorydd yr Eglwys — 45
- 28 Merched yn y Weinidogaeth — 46

Hydref — Cyfraith a Threfn
- 5 Caplaniaid Carchar — 47
- 12 Cristionogion yn Erbyn Poenydio — 48
- 19 Plant Anystywallt — 49
- 26 Corea — 50

Tachwedd — Diwydiant a Busnes
- 2 Cadw'r Sul — 51
- 9 Jamaica — 52
- 16 Caplan Diwydiant — 53
- 23 Safonau — 54
- 30 Papwa Gini Newydd — 55

Rhagfyr — Y Teulu
- 7 Tor Priodas — 56
- 14 Aelodau Coll — 57
- 21 Rhieni Maeth — 58
- 28 Teulu'r Eglwys — 59

ATODIAD GWEDDIAU

Dros Lwyddiant yr Efengyl yng Nghymru [Arfon Jones] — 62
Diolch ac Ymbil Dros yr Un Eglwys Lân Gatholig ac Apostolaidd [Y Parchg. Noel A. Davies] — 64
Mewn Cwrdd Gweddi Cenhadol [Y Parchg. Beti-Wyn Davies] — 66
Ar Gyfer Oedfa Fore Sul [Y Parchg. Carys Ann] — 68
Ar Gyfer Ysgol Sul [Y Parchg. Jill-Hailey Harries] — 70

Ionawr 5: Gweddïwn dros waith Duw ym myd . . .
YR HENOED – Ein haelodau hynaf
Salm 71:17-24

Resources yw'r gair mawr y dyddiau hyn mewn cylchoedd cenhadol, ac mewn pob math o gylchoedd eraill. Onid ein 'hadnodd' mwyaf gwerthfawr fel eglwysi yw ein haelodau hynaf? Cawsant eu magu mewn dyddiau pan oedd y capeli'n llawn. Cawsant eu meithrin yng nghlyw pregethwyr grymus, a hynny bob Sul. Cawsant dyfu i fyny mewn cymdeithas eglwysig fywiog gydag Ysgol Sul lewyrchus, athrawon ymroddedig ar gyfer pob oed, a seiadau a chyfarfodydd gweddi bendithiol ar noson waith.

Ers hynny, maent wedi byw trwy anawsterau ac erchyllterau'r rhyfel a'r dadrithio a'i dilynodd. Maent wedi magu plant, ac wyrion, wedi cael eu siomi a'u brifo droeon, ond er hynny wedi cadw'n ffyddlon, a chadarn eu ffydd.

Gadewch i ni ddiolch i Dduw amdanynt, a dysgu o'r newydd i'w parchu a'u gwerthfawrogi.

Gadewch i ni edrych mewn cywilydd ar ein tueddi'w blino â dyletswyddau ymarferol y gall rhai llawer iau ymgymryd â hwy.

Gadewch i ni, yn hytrach, ddysgu ganddynt gan ddrachtio'n ddwfn o ffynnon eu ffydd, a phwyso ar eu duwioldeb.

Gweddi:

Arglwydd Dduw,
a'n dysgodd i anrhydeddu'n tad a'n mam,
diolchwn i ti
am aelodau hynaf ein heglwysi:
  am eu ffyddlondeb,
  am eu cariad tuag atat,
  ac am eu parodrwydd i'n calonogi ni.
Diolchwn i ti.
Arglwydd Iesu,
a fu'n dysgu wrth draed yr athrawon yn y Deml,
maddau i ni ein harafwch i wrando;
am ein tueddi adael y gwaith diflas iddynt;
am ein diffyg amynedd gyda'u hatgofion.
Maddau i ni.
Ysbryd Sanctaidd,
a fu'n eu harwain hwy cyhyd,
arwain ninnau hefyd
  i ffydd ddyfnach,
  i ymddiriedaeth lwyrach,
  i adnabyddiaeth lawnach ohonot,
y Duw Sanctaidd.
Arwain ni.
Amen.

Ionawr 12: Gweddïwn dros waith Duw ym myd . . .
YR HENOED – Prifysgol y Bythol Wyrdd
Diarhebion 20:29; Lef. 19:32; 1 Tim. 5:1, 2; Ioan 19:25-27

Ym mhob gwlad y mae dynion yn byw yn hŷn ac yn cadw'n iachach. Gorfu hyn i gymdeithas addasu ei syniad am henaint. Yn Nhaiwan, ceir bron i filiwn a hanner o bobl dros 65 mlwydd oed. Mae eu hamgylchiadau'n drist a'u bywydau'n ddi-liw a thruenus. Bron pob dydd, bydd un neu ragor ohonynt wedi cyflawni hunanladdiad. Poenai hyn **Eglwys Bresbyteraidd Taiwan,** sy'n chwaer eglwys i ni trwy CWM, a buont yn trafod y broblem a chwilio am ffordd i'w lleddfu.

Ym 1989, penderfynwyd agor coleg ar eu cyfer. Ynddo dysgir y Beibl, gofal iechyd, caneuon gwerin, dawnsio gwerin, sut i wasanaethu cyd-ddyn ac amryw o bynciau eraill. Y bwriad cyntaf oedd cynnig cwrs pedair blynedd, ond ar ddiwedd y pedair blynedd cyntaf, gofynnodd y myfyrwyr am estyniad. Felly, yn awr, ceir cwrs ychwanegol o ddwy flynedd. Mae ymateb y bobl hyd yma i'r fenter wedi synnu a llawenhau'r sylfaenwyr. Erbyn heddiw mae i'r Coleg 12 cangen o thros 1,200 o fyfyrwyr.

Gweddi:

**Arglwydd ein Duw a'n Tad nefol,
ti a'n dysgais i barchu'n hynafiaid ac i ofalu amdanynt,
diolchwn i ti am ddychymyg a chariad dy eglwys
yn Nhaiwan.
Diolchwn i ti am y rhai a gafodd y weledigaeth,
ac am y rhai sy'n trefnu'r Coleg ac yn dysgu ynddo.
Yn arbennig, rhoddwn ddiolch i ti
am y bywyd newydd y mae hyn wedi ei roi
i gymaint o henoed y wlad.
Bendithia hwy yn eu hastudiaethau.
Boed i'w gwybodaeth newydd gyfoethogi,
nid yn unig yr unigolyn,
ond hefyd eu teuluoedd a'u cymunedau.**

**Cynorthwya dy eglwys ym mhob gwlad, O Dad,
i weld angen yr henoed sydd yn eu mysg,
ac i chwilio yn dy gwmni am ffyrdd i'w lleddfu.
Yna, wedi derbyn arweiniad gennyt, rho iddynt
y brwdfrydedd,
y sensitifrwydd
a'r cariad
i'w gweithredu.**

**Gofynnwn hyn yn enw dy Fab,
a fu mor dyner ei ofal o'i fam
hyd yn oed ar y groes,
sef Iesu Grist ein Harglwydd.
Amen.**

Ionawr 19: Gweddïwn dros waith Duw ym myd . . .
YR HENOED – *Age Concern Cymru*
1 Brenhinoedd 12:1-11

Anwybyddu cyngor y rhai hŷn, a dilyn anogaeth yr ifainc oedd hanes Rehoboam. Ac fe wyddom, o ddilyn yr hanes yn y Beibl, mai rhannu'r genedl yn ddwy, ac yn y diwedd tranc y Gogledd oedd canlyniad hyn.

Onid oes tuedd yn llawer ohonom i fod yn rhyw Rehoboam, gan anwybyddu'r henoed a chanolbwyntio ar yr ifainc!

Nid felly *Age Concern* Cymru, na mudiadau eraill tebyg iddo. Sefydlwyd y mudiad dros hanner canrif yn ôl i weithio i sicrhau fod 'pobl hŷn yn derbyn cymorth, anogaeth a, phan fod angen, y gofal angenrheidiol i wneud eu bywyd mor bleserus a gwerth chweil â phosib.' Mae'n cynhyrchu a dosbarthu taflenni gwybodaeth, yn trefnu darlithoedd ac yn cynnig cymorth dros y ffôn. Trefnir rhai gwasanaethu hanfodol fel trafnidiaeth a chanolfannau dydd ganddo yn uniongyrchol. Pan fo'r angen yn codi, mae'n ymgyrchu i rwystro datblygiadau fydd y niweidio'r henoed. Cefnoga ymchwil i broblemau henaint, a gweithia fel dolen gyswllt gyda chyrff eraill. Dibynna ansawdd bywyd llawer o'r 584,000 yng Nghymru sydd dros oed pensiwn ar waith mudiadau fel *Age Concern*.

Gweddi:

O Dduw ein Tad Nefol,
ti a'n dysgaist
anrhydedda dy dad a'th fam,
diolchwn i ti am y rhai sy'n
gweithio er budd trigolion oedrannus ein gwlad.
Diolchwn am y mudiadau gwirfoddol hynny
sy'n cydweithio â'r gwasanaethau statudol,
er cyfoethogi bywyd ein henoed.
Maddau i ni
ein bod mor aml yn anwybyddu'r genhedlaeth hynaf
wrth drefnu bywyd ein cymunedau.
Dysg ni i fod yn fwy effro i'w hanghenion,
ac yn barotach i geisio datrys eu problemau,
ac yn hael ein hamser a'n hamynedd i weini arnynt.
Gwared ni rhag
ystyried yr ifainc yn bwysicach na'r rhai hŷn,
rhag
mesur angen dyn yn ôl ei 'werth' tybiedig i'r gymuned.
Cyflwynwn i ti
y rhai sy'n ymgyrchu dros hawliau
y rhai sy'n rhy fusgrell i warchod eu buddiannau eu hunain;
y rhai sy'n dadlau eu hachos mewn pwyllgor a llys;
y rhai sy'n rhoi o'u hamser a'u hegni
i ddarparu gofal a gweithrediadau hamdden ar eu cyfer.
Amen.

Ionawr 26: Gweddïwn dros waith Duw ym myd . . .
YR HENOED – Cartrefi Henoed
Luc 2:25-38

Yn y darlleniad, cafwyd hanesyn prydferth am Simeon ac Anna. 'Roedd y ddau mewn gwth o oedran, ac Anna wedi goroesi ei gŵr ers ymhell dros hanner canrif. Ac yn awr 'roedd y ddau yn y deml yn gweddïo a disgwyl. Ac wrth ddisgwyl fe gawsant eu bodloni, cawsant weld yr Arglwydd Iesu Grist ei hun, a'i adnabod.

Mae llawer o'r un oed â Simeon ac Anna yng nghartrefi henoed Cymru. Nid yw mwyafrif preswylwyr y cartrefi hyn yn abl bellach i fynychu'r capeli lle buont yn addoli ar hyd eu hoes. Disgwyliant yn eiddgar ar i weinidogion ac eraill dod â gwasanaethau iddynt hwy. Wrth ymateb i'r alwad yma 'rydym ninnau yn cael ein calonogi gan eu brwdfrydedd i ganu ac i rannu eu profiad.

Aeth anawsterau bywyd a phroblemau henaint yn drech na rhai. Yn lle tyfu'n agosach at Dduw, a disgwyl wrtho fel Simeon ac Anna, cânt eu poeni gan amheuon a phryder. Gweddïwn ar iddynt ddod yn ôl i ymddiried yn eu Harglwydd a mwynhau ei gwmni ar derfyn dydd.

Gweddi:

Arglwydd Dduw, Tad ein Harglwydd Iesu Grist,
clyw ein gweddi yn awr ar ran cartrefi henoed ein gwlad.
Diolchwn i ti am y rhai sy'n gweini ynddynt,
am eu hamynedd a'u tynerwch,
ac am y cyfle sydd iddynt i ddangos dy gariad,

Arglwydd Dduw, nad wyt byth yn anghofio'r un o'th blant,
maddau i ni ein bod mor aml yn ddi-hid o anghenion yr unig.
Cynorthwya ni i wneud amser i ymweld â hwy,
ac i wrando ar eu hatgofion a'u pryderon.
Bendithia waith yr Eglwys yn eu plith,
a brysied y dydd pan offrymir addoliad cyson i ti
yn holl gartrefi henoed ein gwlad.

Arglwydd Dduw, a addewaist beidio'n profi y tu hwnt i'n gallu,
bydd yn agos at y rhai
sydd wedi colli golwg ar dy gariad o dan bwys gofidiau.
Cynorthwya hwy i ddod yn ôl i sicrwydd ffydd,
ac i wybod o'r newydd am dy allu i'n cynnal o dan bob prawf.
Yn dy drugaredd, derbyn y rhai
sydd â'u meddyliau'n gymysglyd,
a gad iddynt deimlo, trwy'r drysni
dy freichiau di o'u hamgylch,
a'th gariad di'n eu cofleidio.
Amen.

Chwefror 2: Gweddïwn dros waith Duw ym myd . . .
MEDDYGAETH – Taiwan
Mathew 4:23-25; 5:13-16

Dim ond ychydig o halen sydd ei angen i ddylanwadu ar flas pryd cyfan. Gwelir yma ddisgrifiad o'r eglwys yn Nhaiwan. Er mai dim ond 5% o'r boblogaeth sy'n Gristionogion, yr eglwysi sy'n paratoi'r mwyafrif o'r gwelyau sydd ar gael i gleifion trwy'r wlad i gyd. Ein chwaer eglwys ni yno yw **Eglwys Bresbyteraidd Taiwan.** Mae hithau, fel yr eglwysi, eraill yn cynnal ysbytai ac yn rhedeg clinigau. Cedwir y ffïoedd yn isel, ac fe'u gostyngir yn is eto pan fo'r angen, fel na bo neb yn cael ei droi ymaith oherwydd tlodi. Dechreuir pob bore, ym mhob un o'r ysbytai, â gwasanaeth Cristionogol, yna bydd gweinidogion yn ymweld â'r cleifion. Yn wir, cynhelir yr holl waith gan weddi a ffydd.

Yr eglwysi'n unig sydd â rhwydwaith o nyrsys cymunedol. Byddant yn ymweld â'r pentrefi a'r tai. Ceir yno lawer sy'n dioddef o glefyd y siwgr ac o'r dicâu. Mae gwaith i'r nyrs, yn ogystal, yn cynorthwyo'r rhai sy'n dioddef wedi strôc, ac yn trin clwyfau'r rhai â llosgiadau. *Felly mae goleuni'r eglwys fechan hon yn llewyrchu gerbron dynion, nes iddynt weld eu gweithredoedd da hwy a gogoneddu eu Tad, yr hwn sydd yn y nefoedd.*

Gweddi:
O Dduw, ein Tad nefol,
sy'n gofalu'n dyner am bob un o'th blant,
O Dduw ein Harglwydd Iesu,
a fu'n iacháu cleifion pan oeddit ar y ddaear,
O Dduw yr Ysbryd Glân,
sy'n ein harwain ar hyd llwybr gwasanaeth,
diolchwn i ti am waith dy bobl ar ynys Taiwan.
Diolchwn am y cleifion
sydd wedi derbyn iachâd yn yr ysbytai,
gwellhad o afiechydon corfforol,
ac o anobaith y tywyllwch hebot,
Diolchwn i ti am y meddygon a'r nyrsys
sy'n barod i ymweld â'r pentrefi anghysbell
i drin y rhai nad oes gan neb arall ddiddordeb ynddynt.
Gwarchod hwy wrth iddynt deithio,
bendithia eu gwaith
gan roi iddynt y gallu
i ddadansoddi a thrin clefydau yn gywir,
a llanwa hwy â chariad tuag atat.
a fydd yn gorlifo ac yn cyffwrdd y claf yn ei angen.
   Gwna hwy fel halen trwy dy ras,
   Yn wyn, yn beraidd iawn ei flas,
   Yn foddion yn dy law o hyd
   I dynnu'r adflas sy ar y byd.
Amen.

Chwefror 9: Gweddïwn dros waith Duw ym myd . . .
MEDDYGAETH – Prinder Adnoddau
Eseciel 34:1-6, 17-24

Cyffelyba Eseciel arweinwyr Israel i fugeiliaid oedd yn methu yn eu gofal o'u praidd. *Nid ydych wedi cryfhau'r ddafad wan na gwella'r glaf na rhwymo'r ddolurus.* Mae'n ddyletswydd ar arweinwyr i ofalu am eu pobl. Â'r proffwyd yn ei flaen i farnu rhwng dafad a dafad hefyd. Mae hi'n ddyletswydd ar bob un ohonom i ofalu am ein gilydd, ac mae hynny'n arbennig o wir ym myd meddygaeth.

Mae iacháu'r cleifion wedi bod yn rhan o gonsýrn yr Eglwys ers y dechrau. Pan anfonodd Iesu ei ddisgyblion ar eu taith bregethu gyntaf, dywedodd wrthynt: *Iachewch y cleifion (Mathew 10:8).* Ac yna pan anfonodd allan y deg a thrigain, yr un oedd y gorchymyn: *Ac i ba dref bynnag yr ewch . . . Iachewch y cleifion yno (Luc 10:8-9).*

Yr ysbytai cyntaf oedd y mynachlogydd. Yn ôl yn y 4ydd ganrif, yr Esgob Basil oedd y cyntaf i sefydlu urdd o fynaich. Ac un o'u dyletswyddau oedd gofalu am y cleifion. Yr un oedd pwyslais Sant Ffransis o Asisi yn y ddeuddegfed ganrif. Tystia enwau ysbytai hynaf Llundain i'w tarddiad Cristionogol sef Ysbyty St. Bartholomew ac Ysbyty St. Thomas.

Erbyn heddiw mae meddygaeth yn nwylo'r wladwriaeth. Ond erys ein cyfrifoldeb ni, fel Cristionogion, yr un. Mae'r prinder gwelyau, adnoddau, meddygon, deintyddion – a phob prinder arall yn y ddarpariaeth – yn rhan o gonsýrn pob un ohonom, ac nid consýrn y rhai sy'n digwydd bod mewn angen yn unig.

Gweddi:

Arglwydd Dduw,
yn Iesu Grist, buost yn iacháu y rhai oedd yn dod atat
gyda'u hamrywiol afiechydon.
Diolchwn i ti
am waith yr Eglwys ymysg y cleifion ar hyd yr oesoedd.
Diolchwn am feddygon a holl weithwyr Gwasanaeth Iechyd ein gwlad;
diolchwn am eu gallu,
eu hymroddiad,
a'u hamynedd
a'u tynerwch.
Diolchwn fod dy ysbryd di ar waith yn galw ac yn galluogi
rhai i wasanaethu yn y modd hwn o hyd.
Maddau i ni ein methiant, fel gwlad,
i drefnu gofal a thriniaeth addas
ar gyfer pob un sydd mewn angen ohono.
Trugarhau, o Dad, wrth ein gwendid,
a chynorthwya ni i weithio,
ac i aberthu,
fel bod pob claf yn derbyn y cysur a'r iachâd
yr wyt ti yn ei ddymuno ar ei gyfer.
Amen.

Chwefror 16: (Y Grawys) Gweddïwn dros waith Duw ym myd . . .
MEDDYGIAETH – Moeseg
Ioan 14:15-26

Mae pob meddyg wedi tyngu Llw Hipocrates i ddefnyddio'i allu er mwyn cadw bywyd. Ond pan ddaw yn fater o gadw'r llw hwn o ddydd i ddydd fe gyfyd problemau moesegol dyrys. Pa bryd mae'r hawl gennym i ddiffodd peiriant cynnal bywyd? Sut mae dewis pa glaf sydd i elwa o'r adnoddau prin, a pha un sydd i aros heb driniaeth? A oes achlysur pan fo'n iawn helpu claf i farw? Pa ddefnydd cywir sydd ar gyfer y datblygiadau mewn geneteg?

Addawodd Iesu'r Ysbryd Glân i ni yn arweinydd. Galwodd ef yn *Ysbryd y Gwirionedd*, a dweud y byddai *yn dysgu popeth i chwi*. Dim ond Duw, a greodd y byd, ac a roddodd y gallu i ddyn i ddarganfod cymaint am drefn y greadigaeth, a all ein harwain yn ein defnydd o'r wybodaeth honno. Felly, ein braint a'n dyletswydd ni yw pwyso arno am arweiniad ac i gynnal ein gwyddonwyr a'n meddygon mewn gweddi, wrth iddynt orfod wynebu dewisiadau anodd a chario pwysau euogrwydd cam-ddewis.

Gweddi:

Arglwydd Dduw,
creawdwr yr holl fyd,
ac awdur deall dyn,
diolchwn i ti am yr wybodaeth yr wyt wedi ei rhoi
i'n gwyddonwyr a'n meddygon.
Diolchwn am bob defnydd maent yn ei wneud ohono
ar gyfer lleddfu poen a gwella cleifion.
Diolchwn am bob triniaeth newydd
sydd wedi cael ei datblygu yn ystod ein cof ni,
ac am y cynnydd aruthrol yng ngallu ein meddygon
i'n trin yn llwyddiannus.

Yr ydym yn ymwybodol
fod y cynnydd hwn wedi dod â chyfrifoldebau trwm yn ei sgîl,
ac yn rhoi straen garw ar ein meddygon.

Maddau i ni, Arglwydd,
am unrhyw gamddefnydd yr ydym yn ei wneud o'r wybodaeth hon,
a dysg ni i bwyso'n llwyrach arnat ti am arweiniad.
Yn arbennig, O Dad,
cyflwynwn i ti feddygon ein gwlad
sy'n wynebu penderfyniadau anodd
mewn sefyllfaoedd dyrys o ddydd i ddydd.
Rho iddynt arweiniad dy ysbryd di,
Ysbryd y Gwirionedd,
fel y bydd pob datblygiad ym myd meddygaeth
a phob ymarfer ohono yn unol a'th ewyllys,
Amen.

Chwefror 23: Gweddïwn dros waith Duw ym myd . . .
MEDDYGAETH – Caplaniaid Ysbytai
Mathew 25:31-46

Dewch, chwi sydd dan fendith fy Nhad, i etifeddu'r deyrnas a baratowyd i chwi er seiliad y byd. Oherwydd . . . bum yn glaf ac ymwelsoch â mi.
Mae'r Eglwys yn cymryd ei gwaith yn ymweld â chleifion o ddifri. Penodir caplaniaid llawn amser i rai o'n hysbytai mawrion, a gwneir gwaith caplan ysbyty gan lawer o'r gweinidogion sydd mewn gofalaethau trefol. Bydd tîm o gaplaniaid yn cyfarfod â'i gilydd yn rheolaidd i addoli, ac yna i rannu'r gwaith. Gall 'taith ymweld' prynhawn i un caplan gynnwys oddeutu 6 ward. Golyga hyn y byddai'n rhoi'r Cymun i rhwng 2 ac 20 o unigolion, ac yn dweud gair wrth dros gant o gleifion.

Yn ogystal â'i ymweliad wythnosol, yn ei dro bydd yn arwain gwasanaeth yng nghapel yr ysbyty ar fore Sul cyn mynd i'w gyhoeddiad arferol. Ac yna am un wythnos o bob mis, bydd ar ddyletswydd efo'i bipiwr nos a dydd. Daw caniad weithiau am 2 neu 3 o'r gloch y bore i'w alw i'r ysbyty i fedyddio baban gwanllyd, neu i gysuro rhieni ifainc ar farwolaeth baban. Gweddïwn ar iddynt gael y geiriau cywir i ymateb i'r holl sefyllfaoedd gwahanol hyn.

Gweddi:
Ti fu gynt yn gwella'r cleifion.
  Feddyg da,
  Dan eu pla
  Trugarha wrth ddynion.

Dwg yn nes, drwy ing a phryder,
Deulu poen,
Addfwyn Oen,
At dy fynwes dyner.

Diolchwn i ti, O Dduw,
am y rhai sydd yn gweithio fel caplaniaid yn ysbytai'n gwlad,
am eu hymroddiad a'u parodrwydd i roi o'u hamser ddydd a nos.

Gofynnwn i ti eu bendithio â'r doniau angenrheidiol ar gyfer dy waith.
Rho iddynt y tawelwch mewnol
sy'n gallu aros yn dawel wrth erchwyn gwely
yng nghanol y prysurdeb o'u hamgylch.
Rho iddynt feddyliau agored i'w galluogi i weinidogaethu
i rai o grefyddau eraill, ac i'r rhai di-gred.
Cynorthwya hwy i gydweithio â'r meddygon a'r gweinyddesau,
fel fod cyfle i'r cleifion yn eu gofal
dderbyn iachâd i'w heneidiau a'u cyrff.

Wrth iddynt godi a theithio yn oriau mân y bore,
cadw hwy'n ddiogel, a gwarchod eu teuluoedd,
yn enw Iesu Grist,
Amen.

Mawrth 2: (Gŵyl Ddewi) Gweddïwn dros waith Duw ym myd . . . ADDYSG – Y Gyfundrefn

Diarhebion 22;1-21

Bendithiwyd ni yng Nghymru ag ysgolion da – yn agored i bawb – ers dyddiau Griffith Jones, Llanddowror, a ddechreuodd yr ysgolion cylchynol tua 1731, i roi cyfle i'r werin ddysgu darllen. 'Roeddem ar y blaen i lawer gwlad gyda Deddf 1889 yn rhoi addysg uwchradd rad i'n plant. Ym 1893, sefydlwyd Prifysgol Cymru, a gyfrannodd addysg o safon uchel i lawer o feibion a merched ein tyddynnod tlawd, yn ogystal ag i blant cartrefi cyfoethocach.

Er hynny, cawsom ein siomi gan drefniadau annerbyniol o dro i dro. Mae'n debyg mai 'brad y llyfrau gleision' a'r *Welsh Not* a ddaw yn syth i'r cof, ond bu eraill hefyd. Nid yw hyn wedi'n rhwystro rhag parhau i ddarparu addysg i'n plant yn y gorffennol.

Y blynyddoedd hyn, mae llawer o newidiadau eto yn y gyfundrefn addysg, rhai er gwell ac eraill sy'n achosi pryder i ni. Gofynnwn i Dduw am nerth a doethineb i allu gwahaniaethu rhwng y da a'r drwg, er sicrhau gofal a dysgeidiaeth bur i'n plant.

Gweddi:

O Dduw a'n dysgodd
hyffordda blentyn ar ddechrau'r daith,
ac ni thry oddi wrthi pan heneiddia,
diolchwn i ti yn awr
am y rhai a fu'n gweithio ar hyd y canrifoedd
er mwyn darparu athrawon da i'n plant.
Codaist i ni drefnwyr goleuedig a doeth,
a chynghorwyr ymroddgar i weinyddu'r drefn.
Cod i ni eto yn y dyddiau hyn
ddynion a merched sy'n abl i weld ymlaen
a deall dy ffyrdd.

Arglwydd,
cynorthwya ni i drefnu hyfforddiant i blant ein gwlad
fel y datblygant a thyfu
yn dy ffyrdd di.
Fe wyddom fod ansawdd bywyd ein cenedl
yn dibynnu yn helaeth ar y safonau a roddwyd i'n plant.
Yn y dyddiau hyn pan fo gan rieni a llywodraethwyr
fwy o ddylanwad a chyfrifoldeb,
cynorthwya ni
i wneud ein rhan
ac i droi atat
a cheisio dy arweiniad.
Amen.

Mawrth 23: Gweddïwn dros waith Duw ym myd . . .

ADDYSG – Y Colegau Diwinyddol

2 Timotheus 2:1-26

Cymer y geiriau a glywaist gennyf . . . a throsglwydda hwy i ofal dynion ffyddlon fydd ỹn abl i hyfforddi eraill, meddwyd wrth Timotheus, ac erys yr anogaeth yn un allweddol i ni fel Eglwys Iesu Grist heddiw. Er mai prif ddiben ein colegau diwinyddol yw hyfforddi ymgeiswyr at gyfer y weinidogaeth, maent hefyd yn derbyn myfyrwyr sy'n dewis astudio diwinyddiaeth am amryw o resymau eraill. Â llawer o'r rhai hyn hefyd i wasanaethu Duw mewn gwaith cymdeithasol, dysgu, a phob math o swyddi lleyg o fewn yr eglwys.

Yn ystod y blynyddoedd diwethaf, lansiwyd y cwrs gradd newydd B.Th. – cwrs sy'n fwy ymarferol ei bwyslais na'r B.D. Rhoddir lle o fewn y cwrs i brofiad ymarferol o wahanol fathau o waith Cristionogol, mewn gofalaethau a phrosiectau cenhadol ac addysgol. Trefnir y cyrsiau newydd, a dal i gadw'r safonau academaidd.

Gweddi:

**Arglwydd Dduw,
anfonaist dy fab Iesu Grist i'n byd i'n dysgu yn dy ffyrdd,
ac 'rwyt wedi rhoi i ni gofnod o'th ewyllys
yn dy Air Sanctaidd.**

**Diolchwn i ti am y rhai sydd, ar hyd yr oesoedd,
wedi clywed yr alwad i astudio dy Air yn fanwl,
ac i fyfyrio'n ddwys ar dy ffyrdd.
Diolchwn i ti am y rhai a alwyd i drosglwyddo hyn i eraill.
Diolchwn i ti am waith ein colegau diwinyddol,
am eu hathrawon a'u staff gweinyddol,
ac am y rhai sy'n astudio ynddynt.
Gweddïwn yn arbennig
dros Goleg Diwinyddol Unedig y Presbyteriaid
a Choleg yr Annibynwyr Cymraeg
yn Aberystwyth.**

**Gofynnwn am dy arweiniad
wrth iddynt addasu eu meysydd llafur ar gyfer yr oes hon.
Boed i'r gwaith o lunio cyrsiau newydd fod yn fendith,
nid yn unig i'r myfyrwyr,
ond hefyd i'r rhai sydd yn eu paratoi.
Erfyniwn am dy bresenoldeb yn y colegau
fel bod ansawdd y bywyd cymdeithasol,
a'r weddi ddyddiol sy'n cael ei hoffrymu yno,
yn foddion i gryfhau dy blant yn eu ffydd
a'u grymuso ar gyfer dy waith.
Amen.**

Mawrth 30: Gweddïwn dros waith Duw yn myd . . .

ADDYSG – Twfalŵ

Deuteronomiwm 10:1-14

Yn nechrau'r wythdegau, anfonwyd dau fachgen ifanc ar ysgoloriaeth gan eglwysi ynysoedd Twfalŵ i Samoa er mwyn iddynt gael cyfle ar addysg uwchradd. Nid oedd ysgol ar eu cyfer yn agosach gartref. Deng mlynedd yn ddiweddarach 'roedd **Eglwys Gristionogol Twfalŵ** yn agor y Fetuvalu High School. Ac mae'n awr yn gweithio i roi cyfle i blant difreintiedig sy'n methu cael lle yn ysgolion y llywodraeth.

Cyfyd llawer o anawsterau ymarferol wrth agor ysgol newydd mewn gwlad lle na fu cyfle gynt i lawer gael addysg. Nid y lleiaf o'r rhain yw penodi athrawon. Dibynna Ysgol Uwchradd Fetuvalu ar lawer o athrawon tramor. Pan agorwyd yr ysgol roedd yno athrawon cenhadol o wahanol eglwysi CWM: pâr priod o Sri Lanka o Eglwys De India, teulu o Eglwys Unedig Ynysoedd Solomon, ac athrawes o Loegr o'r Eglwys Ddiwygiedig Unedig. Bydd yn dal i ddibynnu ar gymorth tebyg am beth amser.

Lle gynt yr oedd plant ifainc deuddeng mlwydd oed yn gorfod ymdopi â'u hiraeth ac ag arferion a iaith ddieithr er mwyn cael addysg uwchradd, yn awr eu hathrawon sy'n blasu diwylliant newydd ac yn ymdrechu i'w ddeall er mwyn dysgu'n effeithiol.

Gweddi:

Arglwydd Dduw ein Tad, a Thad holl blant y byd,
diolchwn i ti fod plant Twfalŵ
yn awr yn cael cyfle i fynd i'r ysgol heb adael cartref.
Gofynnwn am dy fendith ar Ysgol Uwchradd Fetuvalu.
Arwain ei hathrawon iddynt allu rhoi addysg dda
i'r plant sydd dan eu gofal.
Boed i'th Ysbryd di fod yn bresennol yn yr ysgol,
fel bod y disgyblion, nid yn unig yn llwyddiannus yn eu gwersi,
ond hefyd yn dysgu cysegru eu doniau i ti.

Cyflwynwn i ti yr athrawon sydd yno o dan nawdd CWM.
Bydd yn agos atynt pan fo hiraeth yn eu blino.
Cynorthwya hwy i ddeall diwylliant yr ynysoedd,
ac i allu mwynhau'r gwahaniaethau,
heb gael eu llesteirio ganddynt.
Pan fo problemau teuluol yn codi mewn gwlad bell,
a hwythau'n teimlo'n ddiymadferth,
boed iddynt fod yn ymwybodol o'th bresenoldeb,
a gwybod dy fod yr un mor agos at weddill y teulu hefyd.

Arglwydd,
bendithia holl waith
Eglwys Gristionogol Twfalŵ.
Amen.

Ebrill 6: (Y Pasg) Gweddïwn dros waith Duw ym myd . . .
AMAETH – Anawsterau
Salm 8, Rhufeiniaid 8:19-25

Datgenir, yn y Salm, fod Duw wedi rhoi awdurdod i ddyn dros fyd natur. Nid awdurdod yw hwn i elwa'n hunanol, ond yn hytrach i gymeryd gofal o'r greadigaeth. 'Roedd Gardd Eden yn llawn o anifeiliaid, ffrwythau a llysiau ar gyfer Adda, ond aeth popeth o'i le yn y cwymp. Yn ei lythyr at y Rhufeiniaid, mae Paul yn edrych ymlaen at ddiwedd amser, pan fo'r greadigaeth gyfan wedi ei hachub yn sgîl goruchafiaeth Crist ar y groes.

Er ein bod, bob un ohonom, wedi derbyn siars Duw i ofalu am y greadigaeth, disgyn y cyfrifoldeb yn drymach ar amaethwyr. A dyna yw llawer o aelodau'n heglwysi, a nifer ohonynt ar fynydd-dir anghysbell ein gwlad. Mewn llai na chenhedlaeth, bu newid mawr yng nghefn-gwlad, y ffermydd yn fwy a'r boblogaeth yn llai. Heblaw am y straen cynyddol sy'n codi o waith yr amaethwr, mae'n colli cydymdeimlad cymdeithas, ac yn gorfod wynebu protestiadau di-rif. Wrth i fywyd fynd yn fwy cymhleth, mae angen cyfle ar yr amaethwr i ymdawelu gyda Duw i'w addoli a chlywed ei arweiniad, ond mae'r union bwysau gwaith hwn yn ei wneud yn anodd.

Gweddi:

Arglwydd, ein Iôr, mor ardderchog yw dy enw ar yr holl ddaear!
Ti a greodd yr hollfyd, ac a'n galwodd ni i gydweithio gyda thi i'w drin.
Cyffeswn ein bod yn aml wedi ei gam-drin, a'i reibio.
Nid ydym bob tro wedi defnyddio'r awdurdod
a roddaist i ni yn gyfrifol.
Gofynnwn i ti am fadddeuant,
ac am wyleidd-dra i geisio dy arweiniad di yn y gwaith.
Yng nghyfnod y Pasg, wrth ddathlu ein gwaredigaeth yn Iesu Grist,
diolchwn am yr addewid
y caiff y greadigaeth hithau ei rhyddhau o gaethiwed a llygredigaeth.
Cynorthwya ni i gymeryd ein cyfrifoldeb o ddifri, i barchu dy waith,
ac i amaethu'n gyfrifol.

Cyflwynwn i ti
y rhai sy'n gweithio ar y tir.
Ym mhob straen wrth addasu i ddulliau a gofynion newydd,
ym mhob pryder ynglŷn â'r dyfodol,
rho iddynt dy dangnefedd.
Yng nghanol prysurdeb dyletswyddau na ellir ei hepgor,
caniatâ iddynt ymwybyddiaeth o'th bresenoldeb
a chyfle i'th addoli.

Arglwydd,
yng nghefn gwlad, lle gwelir gogoniant dy greadigaeth,
caniatâ i ni weithio
i ddangos gogoniant y Creawdwr.
Amen.

Ebrill 13: Gweddïwn dros waith Duw ym myd . . .
AMAETH — Clybiau Ffermwyr Ieuainc
Salm 19

Trwy Gymru gyfan, yn yr ardaloedd gwledig, ceir rhwydwaith o Glybiau Ffermwyr Ieuainc. Efallai y gellir dweud mai'r mudiad hwn sy'n cael y dylanwad mwyaf ar ein pobl ifainc. Trefnir darlithoedd ar bynciau amaethyddol, chwaraeon a hwyl, eisteddfodau a chystadlaethau, a gweithgareddau eraill di-rif. Nid plant y ffermydd yn unig sy'n mynychu ei weithgareddau. Pan fo'r boblogaeth yn wasgaredig, y Clwb yw man cyfarfod ieuenctid y fro. Mae'r Mudiad yn ymgorfforiad o'r hyn sydd orau ym mywyd cefn gwlad.

Ynddo daw'r genhedlaeth nesaf i werthfawrogi'r greadigaeth, sydd yng ngeiriau'r Salm, yn adrodd gogoniant Duw. A phan fo'r clybiau o dan arweinyddiaeth ddoeth, yno hefyd dônt i ddeall fod cyfraith yr Arglwydd yn berffaith, yn adfywio'r enaid, a'i ddeddfau'n gywir, yn llawenhau'r galon. Mewn rhai ardaloedd y clwb fydd yn trefnu'r bregeth neu'r Cyfarfod Gweddi ar ddechrau'r flwyddyn ar gyfer ieuenctid yr ardal yn y capel lleol. Gweddïwn ar i Dduw ddal i ddefnyddio'r mudiad hwn er lles ein dyfodol fel cenedl.

Gweddi:

Arglwydd, mae'r holl greadigaeth yn adrodd dy ogoniant.
Caniatâ i ninnau hefyd uno yn y moliant.
Cymer ein geiriau a'n hymddygiad,
a gwna hwy'n foddion i'th ganmol a'th wasanaethu.

Diolchwn i ti am waith
Mudiad Ffermwyr Ieuainc ein gwlad,
am yr arweiniad a roddir i'n ieuenctid ganddo ym myd amaeth,
ac am ei ddylanwad arnynt
wrth iddynt dyfu i gymeryd eu lle yn y gymdeithas wledig.

Gofynnwn i ti godi arweinwyr iddo
fydd yn parchu dy greadigaeth ac yn caru dy ddeddfau.
Bendithia waith ein harweinwyr lleol,
fel y bo eu dylanwad er da ar ieuenctid ein bro.
Boed i'r hwyl sydd i'w gael yn y cyfarfodydd fod yn hwyl iach,
ac yn foddion i gynorthwyo'n pobl ifainc i dyfu yn agosach atat ti.
Caniata i'r dysgu a geir yno adlewyrchu'r cyfrifoldeb
yr wyt ti wedi ei roi arnom dros dy greadigaeth.

Bydded i eiriau eu genau fod yn dderbyniol gennyt,
a myfyrdod eu calonnau yn gymeradwy i ti.
Amen.

Ebrill 20: Gweddïwn dros waith Duw ym myd . . .
AMAETH – Malawi
Habacuc 3:2-4, 17-19

Gwlad fechan tua'r un maint â'r Alban yw Malawi. Mae'n ymestyn ar hyd ochr ddwyreiniol Llyn Malawi yng nghanol Affrica, i'r de o Uganda, i'r gogledd o Simbabwe, rhwng Mosambîc a Sambia. Ceir peth tir yn isel ar lan y llyn, ond saif rhan fwyaf o'r wlad ar y llwyfandir, dros 3,000 o droedfeddi uwch y môr. Er bod llawer o'r dynion wedi teithio i wledydd eraill cyfagos i weithio yn y mwyngloddiau, ac er bod diwydiant pysgota ar lan y llyn, o'r tir y daw bywiolaeth rhan fwyaf o'r boblogaeth. Mae llain fechan o dir ar gyfer pob teulu lle tyfir india corn, ffa dringo ac ambell i lysieuyn arall.

Ers sawl blwyddyn bellach bu newyn drwg yn yr ardal, a gwlad fechan Malawi wedi dioddef yn arw. Mae **Eglwys Crist ym Malawi,** un o'r enwadau Cristionogol yno, yn chwaer eglwys i ni trwy CWM. Cred mai rhan o'i gwaith yw ceisio lleddfu effaith y newyn, ond mae hithau hefyd yn dioddef o'i herwydd, gan fod arian yn brin a'i haelodau'n ddiwaith. Un prosiect ganddi yw rhedeg melin malu grawn. Rhydd hyn gymorth i'r bobl leol, ac ar yr yn pryd mae'n cynhyrchu incwm i'r eglwys ar gyfer ei gwaith.

Gweddi:
Er nad yw'r meysydd yn rhoi bwyd,
er i'r praidd ddarfod o'r gorlan,
ac er nad oes gwartheg yn y beudái;
eto llawenychaf yn yr Arglwydd,
a llawenhaf yn Nuw fy iachawdwriaeth.
Diolchwn i ti, O Dduw,
am dy Eglwys ym Malawi
sy'n gallu gwireddu cân Habacuc yn ei bywyd.
Diolchwn i ti
am ei thystiolaeth mewn cyfnod anodd,
ac am ei gwaith ym mysg yr holl angen.

Gofynnwn am dy arweiniad i'r Eglwys,
iddi allu dal i lawenhau ynot.
Bendithia ei hymdrechion i liniaru dioddefiadau'r bobl,
ac i rannu dy gariad di yn ymarferol.
Gofynnwn am dy ddoethineb i'w harweinyddion
pan fo adnoddau ag arian yn brin,
iddynt allu deall dy flaenoriaethau
a threfnu dy waith yn gywir.

Ti, sydd wedi creu yr holl fyd, cofia dy blant,
a thrugarha wrth y wlad hon.
Rho iddi unwaith eto
law i ffrwythloni'r ddaear a bwydo dyn ac anifail
Amen.

Ebrill 27: Gweddïwn dros waith Duw ym myd . . .
AMAETH – Nawrw
Job 28:1-12, 23, 27

Yng nghanol y Môr Tawel, ceir ynys fechan o'r enw Nawrw. Mae'r wlad hon sy'n llai na 9 milltir sgwâr, yn wlad ac iddi broblemau tu hwnt i ddychymyg unrhyw wlad arall. Tua chan mlynedd yn ôl, darganfuwyd fod creigiau'r ynys yn gyfoethog o ffosffad *(Phosphate)*. Cyn hir roedd Awstralia, Seland Newydd a Phrydain wedi trefnu ffordd o elwa o hyn, rheibiwyd yr ynys dros y blynyddoedd er mwyn i ni gael cyflenwad digonol o'r cemegyn.

Erbyn heddiw, mae'r ffosffad bron wedi darfod, a thros ddwy ran o dair o'r ynys yn greigiau coral noeth. Nid oes dim yn tyfu yno, dim hyd yn oed chwyn. Effeithiodd hyn ar y cymylau glaw fel bod y wlad yn gorfod mewnforio dŵr mewn tanceri enfawr. Mae'r boblogaeth yn gorfod byw ar gornel fechan o'r ynys, heb ddigon o ddir amaeth ar eu cyfer. Hyd yma, 'roedd peth o elw'r ffosffad yn dod i drigolion yr ynys, ond wrth i'r mwyngloddio dod i ben, mae'r dyfodol yn dywyll iawn. Nid yw'r wlad wedi llwyddo eto i gael iawndal gan yr hen bwerau trefedigol i'w galluogi i geisio adfer y diffeithwch.

Yng nghanol y cyfnod anodd hwn, mae'n chwaer eglwys, **Eglwys Gynulleidfaol Nawrw,** sy'n cynnwys mwyafrif o'r boblogaeth, yn brin o weinidogion ac arweinwyr ieuenctid. Gweddïwn ar i Dduw godi rhai ifanc i'w waith i fugeilio'i bobl yn eu pryder.

Gweddi:
Arglwydd nef a daear, creawdwr yr holl fyd,
tydi a greodd
Nawrw
yn wlad fechan ffrwythlon yng nghanol y môr.
Maddau i ni ein trachwant
sydd wedi ysbeilio dy waith a difetha dy greadigaeth.
Maddau i ni'r hunanoldeb sydd wedi dinistrio etifeddiaeth cenedl arall.
Arwain ni, yng Ngwledydd Prydain, i syweddoli ein cyfrifoldeb.
Cadw ni rhag amaethu er ein lles ein hunain,
gan ddiystyru'n llwyr anghenion eraill,
a chan wadu cyfoeth dy ddarpariaeth.

Cyflwynwn i ti dy Eglwys
yn Nawrw,
gan ofyn i ti alw ddynion a merched ifainc i'w harwain.
Cynorthwya hi i roi arweiniad doeth i'th bobl
mewn dyddiau tyngedfennol.
Llanwa hi â'th drugaredd
iddi allu gweini ar dy bobl
a dangos iddynt dy gariad a'th gonsýrn,
Amen.

Mai 4: Gweddïwn dros waith Duw ym myd . . .
POBL IFAINC – Problemau'r Ifainc
Diarhebion 5:1-14

Ysgrifennwyd y rhybuddion hyn mewn gwlad bell, a diwylliant dieithr, dros ddwy fil flynyddoedd yn ôl. Er hynny, erys y rhybuddion yn gyfoes. Mae'r problemau a'r temtasiynau sy'n wynebu'n pobl ifainc yn ddwysach o lawer nag a fuont genhedlaeth yn ôl. Nid problemau rhyw yw'r unig rai. Mae byd ein pobl ifainc yn gyforiog o demtasiynau ym maes alcohol a chyffuriau. Nid temtasiynau plentynnaidd yw'r rhain, ond peryglon difrifol a all ddifetha eu bywydau cyn iddynt ddod yn ddigon hen i sylweddoli'r oblygiadau. Mae goryfed yn dinistrio'r iau, ac ecstasi yn lladd, a phlentyn siawns yn gyfrifoldeb oes.

Nid yw canllawiau cymdeithas yn eglur ar eu cyfer, nid yw esiampl oedolion yn ddibynadwy, ac fe all pwysau cyfoedion fod bron yn amhosibl i'w wrthsefyll.

Ond ar yr ochr arall, mae'r byd i gyd yn agored o'u blaenau, mae cyfle iddynt gael profiadau y tu hwnt i ddychymyg eu teidiau. Nid peth dieithr yw codi pac a theithio'r byd, a mae llawer o'n pobl ifainc wedi gwneud hynny er mwyn rhoi help llaw i eraill, yn ogystal ag er mwynhad iddynt eu hunain. Gweddïwn ar iddynt gael eu cadw a'u harwain i wneud gardd o ddiffeithwch bywyd.

Gweddi:

Arglwydd Dduw,
a ddaeth i'n byd yn ddyn ifanc yn Iesu Grist,
clyw ein gweddi yn awr ar ran ieuenctid ein gwlad.

Maddau i ni
ein bod wedi trosglwyddo cymdeithas lygredig,
yn llawn peryglon iddynt.
Maddau i ni
ein methiant i roi esiampl a chanllawiau da o'u blaen.
Fel y dywedaist wrth Jeremeia,
caniatâ i ninnau hefyd gael clywed:
ni ddywedir mwyach,
'Bwytaodd y tadau rawnwin surion,
ac ar ddannedd y plant y mae dincod'.

Cadw ein hieuenctid yn ddiogel yng nghanol temtasiynau bywyd.
Nertha hwy i sefyll dros yr hyn sy'n iawn
er gwaethaf pwysau cyfeillion.
Rho iddynt weledigaeth o fywyd llawn yn dy gwmni
bywyd o hwyl iach a gwasanaeth i eraill.
Cynorthwya hwy i greu byd a chymdeithas well
yn enw Iesu Grist,
Amen.

Mai 11: Gweddïwn dros waith Duw ym myd . . .
POBL IFAINC – Coleg y Bala
Diarhebion 3:1-8; Mathew 19:13-15

Ymddiried yn llwyr yn yr Arglwydd, a phaid â dibynnu ar dy ddeall dy hun yw cyngor Diarhebion i bobl ifainc. Ni all yr un ohonom wadu addasrwydd y cyngor hwn. Yn ysbryd yr adnodau hyn y sefydlwyd Canolfan Ieuenctid y Presbyteriaid yn yr hen goleg diwinyddol yn y Bala tua 30 mlynedd yn ôl.

Bu'r gwaith a wnaed gan y Swyddogion Ieuenctid, a'r dylanwad a gafwyd ar gyrsiau preswyl yn foddion i ddod â llawer o blant yn agos at Iesu, ac i'w dysgu i ymddiried yn llwyr ynddo. Gellid enwi llawer o arweinwyr ein heglwysi a ddaeth i ffydd ddyfnach trwy waith Coleg y Bala.

Dros y blynyddoedd, newidiodd ansawdd cymdeithas, ac y mae problemau'n hieuenctid wedi dwysáu, ond erys yr Eglwys yn ymwybodol o eiriau Iesu: *Gadewch i'r plant ddod ataf fi a pheidiwch â'u rhwystro.* I geisio cyfarfod â her y presennol, dechreuwyd ar newidiadau mawr yn y Bala. Mae'r adeiladau yn cael eu haddasu o'r newydd ar gyfer y ganrif nesaf, a'r gwaith yn cael ei ehangu i gynnwys rhieni yn ogystal â'u plant.

Gweddi:
Arglwydd Dduw,
a alwaist rhai o bob oed i'th ddilyn,
diolchwn i ti am waith
Coleg y Bala.
Diolchwn am bob un sydd wedi dod i'th adnabod
wrth fynychu ei weithgareddau.
Diolchwn am bob
athro Ysgol Sul ac arweinydd ieuenctid blinedig
sydd wedi cael eu hysbrydoli yno
ac yna troi yn ôl am adref yn llawn brwdfrydedd.

Gweddïwn dros y rhai sy'n gweithio yno,
yn Gaplan, Swyddogion Ieuenctid ac yn staff gweinyddol.
Rho iddynt frwdfrydedd a sirioldeb pan fo'r gwaith yn anodd,
a'th nerth a'th amynedd di yn eu blinder.
Clyma hwy'n un tîm brwdfrydig
i gydweithio'n rhwydd er mwyn dy Deyrnas.

Rho dy fendith ar yr atgyweirio,
fel y daw adeiladau'r Coleg unwaith eto yn addas ar gyfer ein hoes.
Yn dy ddoethineb,
arwain bob menter newydd
iddynt gynorthwyo rhieni i ddod gyda'u plant atat.
Arglwydd, trugarha wrthym
ac arwain ein hieuenctid unwaith eto
i ymddiried yn llwyr ynot.
Amen.

Mai 18: (Pentecost) Gweddïwn dros waith Duw ym myd . . .
POBL IFAINC – Mizoram
Actau 2:1-18
Mae hanes y Pentecost cyntaf yn byrlymu o fywyd. Llenwir y disgyblion ofnus â nerth ac â hyder. Daw'r Pedr ansicr yn lefarydd huawdl, a'i neges yn cyffwrdd calonnau cannoedd. Yn dilyn ei bregeth daeth tair mil o bersonau'n Gristionogion.

Mae'r bwrlwm bywyd yma i'w weld heddiw mewn cornel fechan o Ogledd Dwyrain India, o'r enw Mizoram, lle mae llwyth anghysbell wedi troi at Iesu yn ystod y can mlynedd diwethaf.

Mae gan Synod Mizo **Eglwys Bresbyteraidd India** fudiad ieuenctid cryf iawn, y K.T.P., gyda'i rwydwaith o ganghennau a swyddogion cenedlaethol. Yn ystod eu gwyliau coleg, â llawer o'r bobl ifainc i efengylu ym mysg y llwythau cyfagos; daw miloedd ynghyd i'w cynadleddau a'u gwersylloedd i astudio'r Beibl, i wrando pregethau, ac i drafod y ffydd.

Er hynny, wrth i'r gornel fechan ddiarffordd hon ddod i gysylltiad â gweddill India, ac â gweddill y byd, daw i gysylltiad hefyd â phroblemau sy'n broblemau byd eang. Agorwyd cartref gan yr Eglwys i geisio cynorthwyo'r rhai sy'n gaeth i gyffuriau. Nid oes prinder arian ar gyfer y gwaith gan fod aelodau'r capeli a'r K.T.P. yn rhoi yn hael o'u hychydig. Ond er y brwdfrydedd, mae'r arbenigedd yn brin, yn y maes yma ac mewn sawl maes arall.

Gweddi:

**Arglwydd ein Duw, a Duw holl lwythau'r ddaear,
diolchwn am dy Eglwys
ym Mizoram.
Diolchwn fod dy Ysbryd ar waith mor amlwg yno, yn troi pobl atat.
Diolchwn am y K.T.P.,
eu brwdfrydedd a'u parodrwydd i weithio drosot.**

**Rho dy fendith ar ymdrechion y bobl ifainc
i ledaenu dy Efengyl ymysg ei gilydd, a thros ffin eu tir.
Wrth iddynt dderbyn mwy o addysg,
cadw hwy rhag cael eu hudo gan fateroliaeth a syniadau dieithr.
Cynorthwya hwy i feddwl yn ddwys
er mwyn cysoni eu ffydd â phob gwybodaeth newydd,
ac i aros yn dryw i ti.**

**Gofynnwn i ti aros gyda'r Mizo
rhag iddynt ddod o dan ddylanwadau estron.
Tywallt dy ysbryd yn helaeth arnynt,
fel y bydd *eu meibion a'u merched yn proffwydo;*
a'u gŵyr ifainc yn cael gweledigaethau,
a'u hynafgwyr yn gweld breuddwydion,
a bydd dy Air di yn sefyll yn gadarn
yn eu mysg yn ystod y blynyddoedd i ddod.
Amen.**

Mai 25: Gweddïwn dros waith Duw ym myd . . .
POBL IFAINC – Yr Urdd
1 Brenhinoedd 21:1-16

Mae'r hanesyn hwn am Winllan Naboth wedi dod yn symbol i ni o'n hymdrech fel Cymru i ddiogelu'n hetifeddiaeth. Fe'n bendithiwyd, fel cenedl, â iaith hynafol a diwylliant cyfoethog, ac un o'r mudiadau sydd wedi gwneud mwy na neb i ddiogelu hwnnw yw *Urdd Gobaith Cymru*. Sefydlwyd yr Urdd ym 1922 gan Ifan ab Owen Edwards, gyda'r arwydd-air 'Dros Gymru, dros gyd-ddyn, dros Grist', ac erbyn heddiw ceir rhwydwaith o Adrannau ac Aelwydydd mewn ysgolion a cholegau yn ogystal ag ym mhentrefi a threfi ein gwlad. Trefnir gweithgareddau er budd rhai llai ffodus, a chefnogir rhai o'n pobl ifainc i weithio yn ardaloedd truenus ein byd.

Yr wythnos hon bydd miloedd o'n plant a phobl ifainc yn tyrru i Barc Waunfawr, Cross Keys yng Ngwent i gystadlu ac i fwynhau Eisteddfod Genedlaethol yr Urdd. Trwy hon mae'n plant, dros flynyddoedd eu hieuenctid, wedi dod yn gyfarwydd â'r gorau o gerddoriaeth a barddoniaeth ein cenedl. Maent wedi cael cyfle i gyrraedd safon uchel mewn meysydd amrywiol, a chael cyfle i fwynhau y pethau gorau. Mae hyn yn rhodd amrhisiadwy mewn oes fel hon.

Dibynna'r gwaith ar weithwyr llawn amser yn y swyddfa'n Aberystwyth, yng nghanolfannau Glanllyn a Llangrannog, ynghyd â channoedd o oedolion sy'n barod i roi o'u hamser hamdden i gyfoethogi bywydau'n plant.

Gweddi:
Dros Gymru'n gwlad,
O! Dad, dyrchafwn gri,
Y winllan wen a roed i'n gofal ni.

**Diolchwn i ti am ein gwlad a'n cenedl,
ac am gyfoeth ein diwylliant.**

**Cyflwynwn i ti waith
Urdd Gobaith Cymru.
Diolchwn i ti am weledigaeth Ifan ab Owen Edwards,
a sefydlodd fudiad ieuenctid wedi ei gyflwyno i ti,
ac yna i'n gwlad a'n cyd-ddyn.
Rho dy fendith ar weithwyr cyflogedig y mudiad,
ac ar yr holl wirfoddolwyr sy'n gweithio gyda'n plant,
fel y bo iddynt eu harwain i garu'r gorau a gweithio er daioni.**

**Cyflwynwn i'th ofal filoedd o blant
a fydd yn teithio led led Cymru yn ystod y dyddiau hyn.
Cadw hwy'n ddiogel ar eu taith,
a boed i bob profiad newydd fod yn foddion i'w cadarnhau
yr yr hyn sydd dda.
Amen.**

Mehefin 1: Gweddïwn dros waith Duw ym myd . . .

GWLEIDYDDIAETH – Ynysoedd Môr y De
Eseciel 34:1-16

Ceir wyth o Eglwysi yn ardal y Môr Tawel sy'n perthyn i deulu CWM: **Eglwys Gynulleidfaol Nawrw, Yr Eglwys Gristionogol Gynulleidfaol yn Samoa, Yr Eglwys Gristionogol Gynulleidfaol yn Samoa'r Amerig, Eglwys Brotestannaidd Kiribati, Eglwys Gristionogol Twfalŵ, Undeb Annibynwyr Seland Newydd, Eglwys Bresbyteraidd Aotearoa Seland Newydd, Yr Eglwys Unedig ym Mhapwa Gini Newydd ac Ynysoedd Solomon.** Ar draws y Môr Tawel, mae llu o ynysoedd bach a fu gynt o dan lywodraeth rhai o wledydd y Gorllewin. Cristionogion yw mwyafrif helaeth poblogaeth y rhan fwyaf ohonynt, ac mae'r Eglwys yn fawr ei dylanwad ar fywyd y gwledydd bychain hyn.

Ers dyddiau'r ail ryfel byd, gwêl y Gorllewin yr ardal fel gwacter mawr lle mae rhyddid iddynt arbrofi mewn modd na feiddiant yn agosach gartref. Cynhaliwyd arbrofion niwcliar ar rai o'r ynysoedd, ceisiwyd claddu gwastraff niwcliar yn y môr a fyddai'n gwenwynnu tir poblog y Gorllewin. Wedi'r rhyfel byd cyntaf, gosodwyd rhai o'r gwledydd o dan ofal Cynghrair y Gwledydd, ac wedi'r ail ryfel byd, fe'u gwnaed yn diriogaethau-ymddiriedol o dan y Cenhedloedd Unedig. Onid oes lle i ofyn a gadwyd yr ymddiriedaeth hon? *Gwae fugeiliaid Israel, nad ydynt yn gofalu ond amdanynt eu hunain! Oni ddylai'r bugeiliaid ofalu am y praidd? . . . Yr wyf yn erbyn y bugeiliaid, ac yn eu dal yn gyfrifol am fy mhraidd.*

Gweddi:
**Arglwydd Iesu, y Bugail Da,
sy'n bugeilio dy bobl â chyfiawnder,
maddau i ni na fuom yn ffyddlon i ti yn ein gofal
o Ynysoedd y Môr Tawel.
Ceisiasom ein budd ein hunain,
gan ddiystyru anghenion dy blant sydd yn byw yno.
Yr ydym wedi gwenwyno tir a llygru moroedd.
Yn awr yn unig yr ydym yn sylweddoli ein ffolineb a'n bai.
Maddau i ni, a chynorthwya ni
i geisio dy ddilyn yn llwyrach
yn ein hymwneud â gwledydd eraill**

**Gofynnwn am dy drugaredd ar drigolion y Môr Tawel.
Diolchwn i ti am ddylanwad dy Eglwys yno.
Cynorthwya hi i roi arweiniad i'r gwleidyddion,
ymgeledd i'r rhai sy'n dioddef
sgîl effeithiau dychrynllyd ein difaterwch,
ac i'n addysgu ninnau yn ein cyfrifoldeb am dy greadigaeth.
Amen.**

Mehefin 8: Gweddïwn dros waith Duw ym myd . . .

GWLEIDYDDIAETH – Cymru

Deuteronomiwm 32:1-18

Rhan o gerdd hir yw'r adnodau hyn; cerdd sy'n sôn am gariad Duw tuag at Israel, ac am ei siom ynddynt wrth iddynt droi eu cefnau arno. Â'r gân ymlaen i sôn am oruchafiaeth Duw dros ddrygioni, ac i alw ar Israel i lawenhau yn y fuddugoliaeth. Er bod perthynas arbennig rhwng Duw a'i bobl Israel, perthynas nas ailadroddwyd yn hanes y byd, eto oni allwn glywed yn y gân hon dristwch Duw am gyflwr ein gwlad ninnau? *Y genhedlaeth wyrgam a throfáus, sy'n ymddwyn mor llygredig tuag ato. Nid ei blant ef ydynt o gwbl!*

Fe wyddom fod yna lawer sydd o'i le yn ein gwlad: tor cyfraith a llofruddiaeth yn rhemp, statws ein hiaith yn sigledig, penderfyniadau cyffredinol yn cael eu gwneud o bell, a'r canlyniadau yn anaddas i'r sefyllfa leol.

Teimlwn yn aml nad oes gennym lais effeithiol yng ngwleidyddiaeth ein cyfnod. Yn ein rhwystredigaeth yr ydym wedi troi i bob cyfeiriad. Ceir protestiadau yn troi'n dreisgar, a'r diniwed yn cael eu hanafu. Mae anufudddod sifil trigolion lleol yn cael ei herwgipio gan garfanau eithafol. Ar y pegwn arall clywir am lygredd ymysg ein gwleidyddion.

Oni ddylem glywed Duw yn galw arnom: *Anghofiaist y Graig a'th genhedlodd, a gollwng dros gof y Duw a ddaeth â thi i'r byd.*

Gweddi:

   Cofia'n gwlad, Benllywydd tirion,
   Dy gyfiawnder fyddo'i grym:
   Cadw hi rhag llid gelynion –
   Rhag ei beiau'n fwy na dim:
   Rhag pob brad, nefol Dad,
   Taena d'adain dros ein gwlad.
Maddau i ni o Dad,
ein bod wedi crwydro mor bell oddi wrthyt
yn ein bywyd cyhoeddus fel cenedl.
Gwna ni'n fwy ymwybodol dy fod yn Arglwydd ar fywyd cyfan,
ac yn dymuno cyfiawnder yn ein holl ymwneud â'n gilydd.
Cadw ni rhag cael ein denu
i geisio'r da trwy ddulliau amheus.
Pura fywyd ein cenedl,
i ni gael bod yn bobl sydd yn wir
yn parchu dy ddeddfau
ac yn dilyn dy ffyrdd.
Amen.

Mehefin 15: Gweddïwn dros waith Duw ym myd . . .
GWLEIDYDDIAETH – Cynghorau Lleol
Rhufeiniaid 13:1-7

Gwas Duw ydyw, yn gweini arnat ti er dy les, meddai Paul wrth sôn am awdurdodau ei oes. Pan fo llywodraeth, ganolog neu leol, yn bradychu'r cyfrifoldeb hwn, mae bywyd pob dinesydd yn dlotach ym mhob ffordd na'r hyn y dylasai fod.

Ym 1996, bu newidiadau mawr yn ein cynghorau lleol, a hynny am yr ail dro mewn 25 mlynedd. Rhoddwyd rhai ardaloedd mewn siroedd newydd sbon, atgyfodwyd rhai hen siroedd, a diflannodd y cynghorau dosbarth. Achosodd yr holl newidiadau hyn lawer o aildrefnu, o golli swyddi, a pheth dryswch ymysg y cyhoedd.

Rhoddodd hyn bwysau trwm ar ein gweinyddwyr wrth iddynt orfod creu rhwydweithiau o wasanaethau o'r newydd. Bu gorfod i lawer o weithwyr ddygymod â dyletswyddau newydd, a dod i arfer gyda chydweithwyr dieithr.

Os ydynt am lwyddo i gyflawni darlun Paul o lywodraeth dda, mae arnynt angen ein gweddïau. Gweddïwn ar iddynt wasanaethu Duw . . . wrth fod yn ddyfal yn y gwaith hwn.

Gweddi:
Arglwydd Dduw, a'n gwnaethost yn gyfrifol am les ein gilydd,
cyflwynwn i ti yr holl newidiadau yn ein llywodraeth leol.
Diolchwn i ti
am bob peth da a gyflawnwyd gan yr hen gynghorau,
ac am y rhai a'n gwasanaethodd arnynt.
Gofynnwn i ti ddefnyddio'r newidiadau hyn er lles ein gwlad,
ac er lles pob un ohonom.

Rho dy doethineb i'r rhai sy'n eistedd ar y cynghorau newydd,
iddynt farnu'n gywir i allu cadw'r hyn sy'n dda
ac i newid yr hyn nad yw'n fuddiol.
Rho iddynt glust i wrando ar anghenion a gobeithion y bobl,
a'r weledigaeth i gyflawni'r hyn sy'n angenrheidiol.

Cyflwynwn i ti y gweithwyr sy'n gorfod ymdopi â'r holl newidiadau,
y rhai sy'n gorfod teithio ymhellach i'w gwaith,
a'r rhai sydd wedi gorfod mudo i ardal arall.
Cofiwn yn arbennig ger dy fron
y rhai a gollodd swyddi yn yr ad-drefnu.
Yn dy gariad cynorthwya pob un ohonynt.

Dysg i ninnau fod yn barod bob amser
i wneud ein rhan ninnau
i greu cymdeithas lle mae'r da yn ffynnu a'r drwg yn edwino,
cymdeithas fydd yn adlewyrchu dy ewyllys.
Amen.

Mehefin 22: Gweddïwn dros waith Duw ym myd . . .

GWLEIDYDDIAETH – Caplan San Steffan

1 Timotheus 2:1-7

Anogir ni yn y Llythyr Cyntaf at Timotheus i weddïo dros frenhinoedd a phawb sydd mewn awdurdod, inni gael byw ein bywyd yn dawel a heddychlon. Yn ddiau, mae'r cyfrifoldeb ar ein haelodau seneddol yn San Steffan yn un trwm iawn. Ar eu penderfyniadau hwy y dibynna ein hawl ni i gael byw ein bywyd yn dawel a heddychlon.

Pan ddaw Llefarydd newydd i'w swydd, ei fraint ef, neu hi, yw penodi Caplan. Yn draddodiadol, dewisir rheithor Eglwys Margaret Sant, sydd hefyd yn aelod o staff Abaty San Steffan. Ei ddyletswydd ffurfiol yw gorymdeithio gyda'r Llefarydd a'i gosgordd i mewn i'r siambr am 2.30 p.m. pob dydd pan yw'r Senedd yn eistedd. Yno bydd yn offrymu'r gweddïau ffurfiol, sydd wedi cael eu gweddïo yn yr union eiriad ers 1661.

Ef yw gweinidog y capel sydd oddi fewn i'r adeilad. Rhydd hyn iddo gyfle godidog i adeiladu gwaith bugeiliol gwerthfawr ymysg yr holl bobl sy'n gweithio ym Mhalas San Steffan. Ceir yno dros 6,000 o weithwyr o bob math, yn ysgrifenyddion, cyfrifiadurwyr, llyfrgellwyr, arlwywyr, glanhawyr, gwarchodwyr, yn ogystal â'r aelodau seneddol.

Os cymer y Llefarydd a'r Caplan y penodiad o ddifri, daw iddo gyfle i wneud gwaith sydd yn werth ei wneud ac sydd â'i ddylanwad yn bellgyrhaeddol.

Gweddi:

Arglwydd y Lluoedd, a brenin y brenhinoedd,
clyw ein gweddi yn awr ar ran Senedd ein gwlad.
Diolchwn i ti fod sefydliad canolog ein cenedl
yn cydnabod yr angen am dy bresenoldeb.

Rho dy fendith ar waith Caplan y Llefarydd.
Boed iddo weld y cyfle sydd iddo,
rho iddo'r awydd i fugeilio dy bobl,
ac arwain ef i ddeall problemau
a phwysau gwaith y rhai sy'n gweithio ym Mhalas San Steffan.
Rho iddo glust sy'n gallu gwrando,
calon sy'n gallu cydymdeimlo,
a doethineb i ymateb mewn modd sy'n cyfryngu dy gymorth,

Dysg ni oll i gofio dy anogaeth,
ac i ddod ag arweinwyr ein cenedl,
ac arweinwyr y byd,
o'th flaen yn rheolaidd yn ein gweddïau
i ni gael byw ein bywyd yn dawel a heddychlon.
Amen.

Mehefin 29: Gweddïwn dros waith Duw ym myd . . .
GWLEIDYDDIAETH – Hong Kong
Luc 20:20-26

Hyd yma, bu Hong Kong yn diriogaeth ddibynnol yn cael ei gweinyddu ar ran Brenhines Prydain gan Lywodraethwr. Ond ar Orffennaf 1af bydd yn dod yn Ardal Weinyddol Arbennig o Weriniaeth Pobl China. Bu llawer o baratoi ar gyfer hyn, a chyfyd llawer o bryderon yng nghalonnau'r trigolion.

Mae llawer o dras Ewropeaidd wedi ymadael â'r diriogaeth, a hyd at 1 o bob 12 o'r boblogaeth wedi derbyn dinasyddiaeth gwlad arall megis Yr Unol Daleithiau, Canada, Awstralia a Seland Newydd. Coledda rhan helaeth o'r gwŷr busnes ac o arweinwyr naturiol y gymuned mai 'pawb drosto'i hun' a chadw'n glir o wleidyddiaeth yw'r ffordd o oroesi'r newidiadau.

Dros y blynyddoedd a fu, mae'r gymuned Gristionogol wedi uniaethu ei hun â'r llywodraeth ac â'r byd masnach. 'Roedd llawer o'i harweinwyr yn weision sifil uchel eu swydd, a'r llywodraeth, hithau yn cefnogi gwaith yr Eglwys gan adeiladu a chynnal ysgolion, canolfannau cymdeithasol ac ysbytai.

Yn y newid sydd yn dod yr wythnos yma, bydd angen i'r Eglwys ailddiffinio'r hyn sy'n ddyledus i Gesar a'r hyn a ofynnir gan Dduw. Mae angen llais cryf, eofn i herio'r awdurdodau newydd ar faterion sy'n ymwneud â rhyddid yr unigolyn ac ag iawnderau dynol.

Gweddi:

Arglwydd yr holl genhedloedd, ac arweinydd cydwybod pob dyn,
clyw ein gweddi dros Hong Kong yn y dyddiau cyffrous hyn.
Wrth i'r diriogaeth ddod o dan awdurdod China,
gofynnwn i ti arwain dy Eglwys yno.

Gwna hi'n fyw i'w chyfrifoldeb,
yn ddoeth ac yn eofn yn ei gweithredu.
Cadw hi rhag troi dy addewid o fywyd newydd yn Iesu Grist
yn obaith arall fydol yn unig.
Galluoga hi i weld perthnasedd dy Air i fywyd pob dydd yr ardal.
Nertha hi i weithio er lles pob un
boed gyfoethog neu dlawd,
boed orllewinol neu ddwyreiniol,
yn Gristion neu o grefydd arall.

Dangos iddi ei chyfle i bregethu dy efengyl
yng nghanol newidiadau mawr.
Ac, O Dad trugarog,
os daw cyfnod o orthrwm ac erlid,
yn dy gariad cadw dy bobl yn ffyddlon i ti
ac yn ddiogel yn dy gariad.
Amen.

Gorffennaf 6: Gweddïwn dros waith Duw ym myd . . .
Y GWASANAETHAU CYMDEITHASOL – De India
Actau 3:1-10

Agorwyd ysgol yn Ne India ym 1892. Ond nid ysgol gyffredin yw'r *Lucy Perry Noble School.* Mewn gwlad lle mae'r anabl yn cael eu gadael i gardota gorau gallent, mae'r ysgol hon yn cynnig y cyfle gorau posibl iddynt. Mae ynddi fil o enethod ac anabledd corfforol o ryw fath. Ceir yma enethod dall, genethod cloff a merched bach yn gwibio o gwmpas mewn cadeiriau olwyn. Gan fod safon yr addysg mor uchel daw yno enethod eraill hefyd. Felly ceir yr anabl a'r abl yn chwarae ac yn dysgu gyda'i gilydd. Profiad dieithr yw hyn i lawer, ond fel y tystiodd un eneth ifainc: 'Rwyf wedi dysgu mai pobl ydym ni'n bennaf, pa beth bynnag y gallwn neu y methwn ei wneud'.

Â rhai o'r disgyblion ymlaen i golegau neu brifysgol, ond rhoddir pwyslais yn ogystal ar waith llaw a sgiliau busnes. Mae rhai o'r cyn-ddisgyblion erbyn hyn yn rhedeg gweithdai llwyddiannus yn eu hardaloedd a'u pentrefi eu hunain.

Er na cheir nawdd gan y llywodraeth, ni chodir ffïoedd ar y tlawd. Gwêl Eglwys De India y gwaith fel rhan o waith Duw. Yng ngeiriau'r brifathrawes: ''Rydym yn dangos cariad Crist yn ein gweithredu'.

Gweddi:
**Arglwydd
fe godaist y cloff ar ei draed
a rhoi golwg i'r deillion,
a'n dysgu ninnau i wneud yr un fath.
Clywsom am Pedr a Ioan
yn iacháu'r dyn cloff wrth borth y deml,
a gwyddom dy fod yn dal i ddisgwyl
i ninnau hefyd dosturio wrth y gwan.**

**Diolchwn i ti am waith
Ysgol Lucy Perry Noble,
ac am barodrwydd
Eglwys De India
i gynnal y sefydliad.
Diolchwn am y genethod
sydd wedi derbyn bywyd newydd yno
wrth ddod i sylweddoli dy fod di yn caru pob un,
boed abl neu'n anabl ei chorff.
Diolchwn am y parch tuag at yr hunan
a thuag at eraill sydd yn cael ei feithrin yno.**

**Rho dy fendith ar y brifathrawes a'r athrawon sydd gyda hi,
a chadarnha hwy yn eu gwaith.
Amen.**

Gorffennaf 13: Gweddïwn dros waith Duw ym myd . . .
Y GWASANAETHAU CYMDEITHASOL – Ailsefydlu yn y Gymuned
2 Samuel 9:1-13; Mathew 18:6-9

Cwyd yr hanesyn yma am Dafydd a Meffiboseth amryw o gwestiynau. Ai dangos caredigrwydd i un ac anabledd corfforol oedd bwriad Dafydd? Yntau ai gweld cyfle yr oedd i ddefnyddio anabledd Meffiboseth er elw gwleidyddol iddo'i hun? Dyma gwestiwn ag iddo oblygiadau cyfoes.

Bu llawer o sôn am ailsefydlu rhai oedd wedi byw ers blynyddoedd mewn ysbytai yn y gymuned. A gwnaethpwyd llawer o elw gwleidyddol o'r bwriad. Ni ellir gwadu nad oes angen mawr yn y cyfeiriad hwn. Nid yn gaeth i sefyllfa o ddibyniaeth barhaol ar eraill y dylai pobl fyw, ac nid yw'r ffaith fod gan berson anabledd neu salwch meddwl yn gwneud eu hawydd am annibyniaeth fymryn yn llai.

Dros y blynyddoedd, gwnaethpwyd llawer o waith distaw gan weithwyr yn adrannau gwasanaethau cymdeithasol ein cynghorau lleol i baratoi lletyai addas ar gyfer rhai a fu gynt mewn sefydliadau preswyl. Mae angen addasu adeiladau a chyflogi gofalwyr i fyw i mewn neu i fod ar gael yn ddisymwth. Ar ben hyn, ceir y gwaith addysgol o baratoi rhai na ddychmygent cyn hyn y caent byth fyw bywyd 'normal' ar gyfer y newid.

Nid gwaith tymor byr yw hyn. Mae cynllunio wedi bod dros flynyddoedd, a phreswylwyr cartrefi ac ysbytai meddwl yn dysgu'r sgiliau angenrheidiol ar gyfer y dydd mawr ac anturus. Pan fo ystyriaethau eraill, megis rhai gwleidyddol, yn dod o flaen lles y bobl hyn, mae'r siom iddynt yn un garw a chreulon.

Gweddi:

Ein Tad Nefol,
rhybuddiaist ni â rhybuddion garw,
rhag achosi cwymp i rai sy'n dibynnu arnom.
Diolchwn i ti am ffydd a llawenydd llawer
sydd wedi bod yn byw am flynyddoedd mewn ysbytai meddwl.
Maddau i ni ein bod wedi eu hanwybyddu cyhyd,
a'u gadael yn brin o'r annibyniaeth
a'r bywyd llawn sydd o fewn eu gallu.
Rho dy fendith ar y gwaith sy'n cael ei wneud yn awr
i baratoi tai a gofalwyr ar eu cyfer yn y gymuned.
Cadw ni rhag cael ein denu
i adael i ystyriaethau annheilwng
ein cadw rhag gorffen y gwaith.
Dysg ni i fod yn barod i'w ariannu'n ddigonol,
a'u cynnwys yn ein cymdeithas.
Amen.

Gorffennaf 20: Gweddïwn dros waith Duw ym myd . . .
Y GWASANAETHAU CYMDEITHASOL – Gofalwyr
Eseia 55:1-5; Mathew 11:25-30

Ni ŵyr neb faint sydd o rai, merched yn bennaf, sy'n gofalu ddydd a nos am anwyliaid yn eu cartrefi. Ceir nifer uchel ym mhob cymuned, yn gaeth i'r gofal a osodwyd arnynt gan salwch neu anabledd perthynas. Nid ydynt yn cwyno i'w byd, ac ni fyddant yn fodlon colli presenoldeb yr un y maent yn gofalu amdano. Er hynny mae'r straen o ofalu'n ddibaid yn un anodd i'w ddal.

Gwêl llawer ohonynt y rhiant a fu mor hoff ganddynt, neu'r cymar a briodasant, yn newid ei gymeriad ac yn mynd yn ddieithryn wrth i'r salwch ddatblygu. Mae eraill yn byw ddydd a nos yn ymwybodol o boen ei hanwylyd heb allu ei leddfu. Poenir hwy â theimladau o euogrwydd pan â'r gofal yn drech na hwy, a'u hamynedd yn brin, neu eu hawydd am gael mynd allan yn eu gwneud yn flin.

Geilw Iesu ar bob un ohonynt: Dewch ataf fi, bawb sy'n flinedig ac yn llwythog, ac fe roddaf fi orffwystra i chwi.

Gweddi:

Arglwydd,
cymorth y gwan a chynhaliwr yr eiddil,
clyw ein gweddi yn awr
dros y rhai sy'n fawr eu gofal am anwyliaid.

Diolchwn i ti
am y rhai sydd wedi rhoi blynyddoedd o'u bywydau
i ofalu am geraint methedig.
Pan fo'r gofal yn drwm a gorffwys yn brin,
gofynnwn i ti roi o'th nerth di iddynt.
Pan fo'r claf yn anhapus a checrus,
rho iddynt o'th amynedd di i ddal ati i garu ac i ofalu.

Diolchwn i ti
am bob trefniant sydd yn cael ei wneud i'w cynorthwyo:
am ysbytai a chartrefi
sy'n derbyn rhai methedig dros dro i roi ysbaid i'w gofalwyr,
am ofalwyr proffesiynol a nyrsys ardal
sy'n galw'n rheolaidd i weini yn y cartref.
Diolchwn yn arbennig am y cariad sy'n ysgogi'r gwaith.

Gwna ni yn ymwybodol o'u hunigrwydd a'u hangen,
ac yn barod i'w cynorthwyo yn ôl ein gallu.
Gwna ni yn fodlon colli oedfa neu gyfarfod
er mwyn galluogi un arall i fod yn bresennol.
Dysg ni i werthfawrogi'r aberth maent wedi ei wneud,
a'u calonogi ynddo.

Rho i bob un ohonom y cariad hwnnw a ddangosaist i ni,
cariad sy'n barod i aberthu dros eraill.
Amen.

Gorffennaf 27: Gweddïwn dros waith Duw ym myd . . .
Y GWASANAETHAU CYMDEITHASOL – Yr Iseldiroedd
Awst 2 Rhufeiniaid 12:9-21

Rhydd Paul inni restr hir o ganllawiau ar gyfer ein bywyd pob dydd fel Cristionogion. Yr olaf yw: *Paid â goddef dy drechu gan ddrygioni. Trecha di ddrygioni â daioni.* Ymgais i ufuddhau i hyn yw gweithgor 'Ochr dlawd yr Iseldiroedd'. Adran o Gyngor Eglwysi y wlad yw hwn sy'n cynnwys chwaer eglwys i ni, sef **Eglwysi Diwygiedig yr Iseldiroedd.**

Ceir pwyllgorau, neu weithgorau lleol mewn llawer o drefi'r wlad sy'n tynnu sylw at y ffaith nad yw anghenion sylfaenol rhai carfanau o'r boblogaeth yn cael eu diwallu. Mae'r bwlch rhwng y cyfoethog a'r tlawd yn tyfu. Felly trefnir ymgyrchoedd yn erbyn tlodi ac ymgyfoethogi. Os am weithio i leihau tlodi, mae'n rhaid ymosod hefyd ar ymgyfoethogi, oherwydd dwy ochr i'r un broblem yw'r ddau fel ei gilydd.

Cynhwysir yn aelodaeth y pwyllgorau hyn gynrychiolwyr o wahanol garfanau: aelodau o'r undebau llafur, pobl ar nawdd cymdeithasol, ynghyd ag aelodau o wahanol eglwysi'r ardal. Agwedd bwysig o'u gwaith yw trefnu cyfarfodydd i ddysgu am sgîl effeithiau drwg rhai o'r deddfau newydd ynglŷn â nawdd cymdeithasol. Dysgir hefyd sut i fynd i'r afael â'r awdurdodau a sut i lobîo cynghorau dinesig.

Gweddi:

**Arglwydd Dduw,
fe'n galwaist i fod yn frodyr i'n gilydd,
a'n dysgu fod y tlawd yn agos iawn i'th galon.
Diolchwn i ti
am weledigaeth ac ymroddiad
yr Eglwysi Diwygiedig yn yr Iseldiroedd.
Diolchwn am y rhai sy'n gweithio, ers 1987,
i geisio cyfiawnder cymdeithasol.
Rho iddynt nerth i ddal ati yn y frwydr
er gwaethaf y ffaith fod y bwlch rhwng y tlawd a'r cyfoethog
yn dal i dyfu.
Cadw hwy rhag digalonni,
ond yn hytrach yn sicr o'th alwad.**

**Wrth i ddeddfau newydd gael eu cyflwyno,
ac ansawdd cymdeithas newid,
ysbrydola hwy iddynt allu darganfod
dulliau newydd cyfoes o weithredu.
Rho iddynt arweiniad a gweledigaeth
sut i fyw dy fywyd di o fewn y system economaidd sydd ohoni.**

**Rho i ninnau yma'r gallu a'r awydd i ddysgu ganddynt,
ac i ddarganfod dy gyfiawnder
yn ein sefyllfa ninnau.
Amen.**

Awst 3: Gweddïwn dros waith Duw ym myd . . .
DIWYLLIANT – Yr Eisteddfod
Effesiaid 5:6-21

Hon yw wythnos fawr ein cenedl: wythnos pan ymfalchïwn yn ein diwylliant; wythnos ymgynnull y miloedd yn ardal Penllyn; wythnos cyfarch hen gyfeillion a gwneud rhai newydd. Mae'r Eisteddfod yn ddathliad o'r da a'r prydferth yn ein bywyd cenedlaethol. Bydd camerâu teledu a sylwebyddion y cyfryngau yn ein gwylio ac yn cofnodi ein hymddygiad fel cenedl. Clywn eiriau Paul o'r newydd: *Felly, gwyliwch eich ymddygiad yn ofalus, gan fyw nid fel dynion annoeth ond fel dynion doeth.*

Yn anffodus, daw'r cyfle i ymfalchïo yn ein cenedlaetholdeb a chyfle hefyd i ni ganiatâu i'n hymddygiad ddwyn gwarth arnom. Bu llawer o drafod ar addasrwydd gwerthu'r ddiod gadarn ar faes yr ieuenctid, a bu llawer o ofidio ynglŷn â'n hymddygiad yn yr ŵyl. *Daliwch ar eich cyfle,* meddai Paul, *oherwydd y mae'r dyddiau'n ddrwg.* Bydd amryw o enwadau o mudiadau Cristionogol yn ceisio gwneud hyn, wrth gynnig, nid yn unig wybodaeth am Ffydd i'r sawl sy'n ymholi, ond hefyd gysur a gwasanaeth ymarferol i rai sydd mewn angen.

Gweddi:
Diolchwn i ti, O Dad Nefol,
am gyfoeth diwylliant ein cenedl.
Diolchwn am yr ŵyl flynyddol hon,
y cyfle i fwynhau'r hyn sy'n dda
ac i gyfarfod cyfeillion.
Diolchwn am y doniau yr wyt wedi eu rhoi i'n beirdd,
ein llenorion a'n cerddorion,
ac am gyfle i'w meithrin yn y genhedlaeth sy'n codi.

Gofynnwn i ti ein cynorthwyo i warchod ein hetifeddiaeth.
Cadw ni rhag puteinio'n diwylliant
trwy afradlonedd ac ymddygiad annoeth.
Rho dy fendith ar y rhai fydd yn gweini yn dy enw
ar faes y Brifwyl ac ar Faes yr Ieuenctid.
Cadw hwy yn eu blinder,
ddydd a nos,
yn ymwybodol o'th bresenoldeb,
ac yn agored i'th arweiniad.
  Dros Gymru'n gwlad, O! Dad, dyrchafwn gri,
  Y winllan wen a roed i'n gofal ni:
  D'amddiffyn cryf a'i cadwo'n ffyddlon byth,
  A boed i'r gwir a'r glân gael ynddi nyth;
  Er mwyn dy Fab a'i prynodd iddo'i hun,
  O! crea hi yn Gymru ar dy lun.
Amen.

Awst 10: Gweddïwn dros waith Duw ym myd . . .
DIWYLLIANT – Llenyddiaeth
Caniad Solomon 2:8-17; Pregethwr 12:9-14

Cynnwys Caniadau Solomon farddoniaeth hyfryd. Dyma gân serch sydd wedi goroesi o gyfnod hynafol. Un enghraifft yn unig yw'r darlleniad o farddoniaeth a rhyddiaith odidog y Beibl. Mae i bob cenedl ei llenyddiaeth, ac yr ydym ni, fel Cymry, yn gallu ymhyfrydu mewn traddodiad hir o lenydda.

Cân y bardd i bob math o sefyllfaoedd, a gall ddefnyddio'i ddawn i ganmol ac i anfarwoli'r da neu i gadw ar gof cenedl yr hyn sy'n annheilwng ac anaddas. Yn yr un modd mae'r dewis i'r llenor. Gall ymdrin ag amgylchiadau ac emosiynau mewn modd sy'n ein cymell i ailfeddwl ein daliadau, ac i ddeall safbwyntiau eraill. Mae ganddo'r ddawn i'n arwain i bendroni'n ddwfn neu i chwerthin yn ysgafn, a hynny yn rhoi cyfle i ni wynebu sefyllfaoedd nad oeddem gynt yn ymwybodol ohonynt. Ar y llaw arall, gall afradu'i ddawn, gan ei ddefnyddio i oglais y gwaethaf sydd mewn dyn. Mae llên cenedl yn adlewyrchu ac yn dylanwadu ar ei bywyd. Gweddïwn ar i Dduw ein cadw rhag ymlygru yn ein llenyddiaeth.

Gweddi:

Byw, byw
I ryngu bodd ac ofni Duw,
Hyfrytaf waith fy nghalon yw;

Arglwydd boed i'r deisyfiad hwn
fod yn sail i waith pob bardd a llenor yn ein gwlad.
Cynorthwya hwy i ddefnyddio'u doniau i dy fawrygu,
ac i ddylanwadu arnom er da.

Rho iddynt,
Fy annwyl Arglwydd, nerth a grym
I rodio'r ffyrdd heb wyro dim.

Cadw ninnau rhag ymhyfrydu yn yr annheilwng,
gan ddewis darllen ac adrodd yr hyn sydd fudr a llygredig.
Dysg ni, yn hytrach, i fwynhau yr hyn sydd chwaethus a da,
ac i ddefnyddio'n dewis i roi heibio'r hyn sydd ddrwg.

Bendithia ymdrechion bob un
yr wyt wedi ei ddonio â'r gallu i lenydda,
ar iddo ddefnyddio'i ddawn i'n hysgogi i feddwl,
ac i werthuso sefyllfaoedd a safbwyntiau dieithr.
Cynorthwya hwy a ninnau i fod fel y Pregethwr,
yn ceisio cael geiriau dymunol ac ysgrifennu geiriau cywir
mewn trefn ac i gofio dy fod yn barnu pob gweithred,
hyd yn oed yr un guddiedig,
boed dda neu ddrwg.
Amen.

Awst 17: Gweddïwn dros waith Duw ym myd . . .
DIWYLLIANT – Cerddoriaeth
Salm 150

Anodd fyddai dychmygu byd heb gerddoriaeth! Mae i bob gwlad a chenedl ei cherddoriaeth arbennig ei hun, ac yr ydym ninnau fel Cymry yn gallu ymfalchïo mewn traddodiad cyfoethog. Ceir corau meibion a phartïon cerdd dant ym mhob ardal bron o'r wlad. Mae'r tô iau wedi dod â thraddodiad newydd i ni o ganu gwlad a chanu pop. Mae'r Radio a thapiau a chrynoddisgiau wedi dod â cherddoriaeth i gyrraedd pawb.

Ers cof dyn, bu cysylltiad agos rhwng addoliad a cherddoriaeth. Ni wyddom yn union gan pwy na phryd y cyfansoddwyd y Salm hon, ond ynddi ceir adlewyrchiad o addoliad y Deml yn Jerwsalem. Gorffennir Llyfr y Salmau gyda'r alwad fendigedig hon i ddefnyddio'n holl offerynnau cerdd mewn mawl i'r Iôr. Erys y cyfrifoldeb arnom, i ddefnyddio'n hoffter o gerddoriaeth, a'n gallu cerddorol er clod i Dduw. Gallwn ganu geiriau da neu eiriau budr, gallwn wrando ar gerddoriaeth sy'n ein codi neu ar gerddoriaeth sy'n cynhyrfu teimladau anweddus. Ein dewis ni ydyw.

Yn fwy arbennig, fe ddefnyddiwyd cerddoriaeth at wasanaeth cenhadaeth ar hyd yr oesoedd. Canodd Pantycelyn i ddysgu ac i alw rhai yn ôl at Dduw yn ystod y Diwygiad Efengylaidd. Cyfansoddir emynau a chaneuon cyfoes heddiw i geisio rhoi cyfle eto i bobl glywed o'r newydd, a throi at Dduw i'w addoli a'i ddilyn.

Gweddi:
Molwch yr Arglwydd.
Bydded i bopeth byw foliannu'r Arglwydd.
Diolchwn i ti, O Dad Nefol,
am dy rodd o gerddoriaeth i'n llonni a'n codi atat,
Diolchwn i ti am draddodiad cerddorol cyfoethog ein cenedl,
ac am y mwynhad a dderbyniwn mewn côr a pharti.
Diolchwn yn arbennig am y rhai a ddefnyddiodd eu doniau
i roi i ni'r emynau a ganwn yn dy dŷ.

Gofynnwn i ti ein bendithio yn ein canu,
iddo fod yn gyfrwng i'n codi allan ohonom ein hunain
ac i'n dwyn yn agos atat ti.
Rho dy ddawn i feirdd a cherddorion ein hoes
iddynt allu cyfansoddi caneuon newydd
fydd yn foddion i ledaenu dy efengyl di ymysg ein cyfoedion.

Cynorthwya ni i ymuno gyda'r cenedlaethau a fu,
ac a'th bobl drwy'r byd i gyd
i addoli'r Arglwydd mewn llawenydd,
ac i ddod o'i flaen a chân,
er gogoniant i'th enw.
Amen.

Awst 24: Gweddïwn dros waith Duw ym myd . . .
DIWYLLIANT – Darlledu
Ecsodus 31:1-6; Philipiaid 4:8-9

Yn y darlleniad o Ecsodus, gwelwn sut y mae Duw wedi rhoi'r ddawn i wneud pethau tlws a chywrain i grefftwyr. Un o'r meysydd lle defnyddir y ddawn hon yw byd y teledu. Wrth i ni sylwi ar brydferthwch rhai o'r golygfeydd a bortreadir, neu fwynhau digrifwch rhai sefyllfaoedd, sylweddolwn gymaint yw'r gallu technegol a chelfyddydol y tu ôl iddynt.

Yn y darlleniad o Philipiaid, anogir ni gan Paul i gadw'n meddyliau oddi wrth y budr a'r llygredig, ac i fyfyrio *ar beth bynnag sydd wir, beth bynnag sydd yn anrhydeddus, beth bynnag sydd yn gyfiawn a phur, beth bynnag sydd yn hawddgar a chanmoladwy, pob rhinwedd a phopeth yn haeddu clod.*

Onid oes yma ddau ganllaw pwysig i'w cofio wrth ystyried darlledu. Ni ellir mesur dylanwad y teledu a'r radio ar bob un ohonom. Mae'n gyfrwng addysg o bob math, yn gyfrwng adloniant ac yn gyfrwng cenhadu. Gall Cristion sy'n cymeryd ei grefydd o ddifrif fod yn ddylanwad mawr er da ar filoedd. Digwydd hyn, nid yn bennaf trwy'r rhaglenni crefyddol a'r gwasanaethau, ond trwy ogwydd y newyddion a rhaglenni dogfen ac ansawdd ein dramâu sebon, ein rhaglenni cwis, a phob adloniant arall. Gesyd y cyfrwng a'i ddylanwad gyfrifoldeb trwm ar y rhai sy'n gweithio ynddo.

Gweddi;

Arglwydd Dduw,
creawdwr y byd a phopeth sydd ynddo,
diolchwn i ti am y doniau 'rwyt wedi eu rhoi i ddynion.
Diolchwn am y gallu i greu prydferthwch ac i ddeall technoleg.
Diolchwn ein bod wedi cael gennyt, trwy'r rhain,
y cyfle i gyfathrebu â miloedd ar unwaith ar radio a theledu.

Gofynnwn am dy faddeuant
am bopeth sy'n cael ei ddarlledu ar y cyfryngau
nad yw'n dda nac yn anrhydeddus.
Maddau i ni
ein bod yn aml yn mwynhau rhaglenni di-chwaeth,
ac yn chwerthin am yr hyn sy'n anweddus.

Rho dy fendith ar y rhai sy'n gweithio yn y maes hwn.
Boed iddynt ddefnyddio eu gallu a'u cyfle
i ledaenu'r hyn
sydd wir . . .
anrhydeddus . . .
cyfiawn a phur . . .
hawddgar
a chamoladwy.
A hynny er clod i'r Duw a'u creodd
ac a roddodd iddynt y doniau hyn.
Amen.

Awst 31: Gweddïwn dros waith Duw ym myd . . .
DIWYLLIANT – Gogledd India
Nehemeia 13:23-30; Marc 12:28-34

Yn yr hanes o Lyfr Nehemeia, gwelsom sut yr oedd Nehemeia yn poeni fod y genedl yn colli ei hunaniaeth, a'r plant yn colli eu mamiaith ac yn siarad tafodiaith gymysg. Er na allwn gymeradwyo ymateb Nehemeia i'r sefyllfa, fe allwn uniaethu â'i ofid a'i bryder. Dyma ofid a phryder llawer i eglwys ifanc, mewn rhannau o'r byd lle bu dylanwad addysg a chenhadon estron yn drwm ar eu diwylliant.

Daeth **Eglwys Gogledd India** i fodolaeth ym 1970 wrth i chwech o enwadau Cristionogol uno â'i gilydd. Ymestyn dros ddwy ran o dair o dir yr India. Ceir o fewn iddi bob math o gefndiroedd, ieithoedd a diwylliannau. Ers ei sefydlu, mae wedi gweithio i greu undeb rhwng y gwahanol garfanau o'i mewn. Etifeddodd lawer o arferion a sefydliadau gorllewinol oedd yn estron i draddodiad y wlad. Ei gwaith yn awr yw didoli rhyngddynt, gan gadw'n unig y rhai sy'n perthyn i'r ffydd Gristionogol yn ei hanfod, ac nid i ffordd y Gorllewin o'u cyfleu.

I ddathlu ei phen-blwydd yn 25 mlwydd oed, sefydlodd Eglwys Gogledd India raglen 'Cenhadaeth Gyfannol'. Ei nod yw 'fod yr Eglwys, ei Fydd a'i Threfn, ei Bywyd a'i Chenhadaeth, a chyfundrefnau eglwysig yn unedig, yn barod ac yn gymwys i fod â chonsýrn ynglŷn â'r ddynolryw gyfan, ac â phob aelod o'r hil uchelgeisiol, yn cynnwys dros 2,000 o bobl yn drefnwyr, yn addysgwyr, ac yn ysgogwyr ar bob lefel. Byddant yn herio aelodau Eglwys Gogledd India yn eu dealltwriaeth ddiwinyddol, eu haddoliad, eu cyfathrebu, eu meithrin, ac mewn amryw o feysydd eraill ym mywyd a gwaith yr Eglwys.

Gweddi:

> Arglwydd Dduw yr holl genhedloedd,
> O! sancteiddier d'enw mawr:
> Dy ewyllys di a wneler
> Gan dylwythau daear lawr;
> Doed dy deyrnas
> Mewn cyfiawnder ac mewn hedd.

Dyna ein gweddi, o Dad,
yn arbennig heddiw dros
Eglwys Gogledd India.
Wrth iddi geisio cyfannu diwylliant yr India,
cefndir ei gwahanol bobloedd â'i ffydd ynot,
cynorthwya hi ac arwain ei hymdrechion.

> Rhodded pobloedd byd ogoniant
> Fyth i'th enw, Arglwydd Iôr:
> Llifed heddwch fel yr afon;
> A Chyfiawnder fel y môr;
> Doed dy deyrnas
> Mewn tangnefedd byth heb drai.

Amen.

Medi 7: Gweddïwn dros waith Duw ym myd . . .
Y CHWIORYDD – Madagascar
Luc 23:50 – 24:12

Fe ddilynodd y gwragedd. Y gwragedd oedd gyda Iesu i'r diwedd, a hwy ddaeth at y bedd *ar doriad gwawr, y dydd cyntaf o'r wythnos.* **Eglwys Iesu Grist ym Madagascar** yw ein chwaer eglwys yno. Er iddi darddu yn rhannol o waith cenhadon o blith yr Annibynwyr Cymraeg, mae hi wedi datblygu peth o'i gwaith chwiorydd mewn ffordd sy'n ddiarth iawn i ni.

Yn Antananarivo, y brif ddinas, ceir cymuned o chwiorydd, *Mamre.* Yma, mae nifer o wragedd wedi ymgysegru i fyw gyda'i gilydd. Sylfaen y gymuned yw gweddi, a thrwy weddi, sylwi'n fanwl ar y gymdeithas o'u hamgylch, ceisiant ddirnad y modd i wasanaethu'r angen sydd yno. Cynhelir cantîn, gyda chymorth y *World Food Programme,* i fwydo plant, arweinir, grŵp o ddynion di-waith i wneud esgidiau a pheintio lluniau, grŵp gyda gwragedd sy'n gwnio, ac ymwelir yn rheolaidd â'r carchar ac â'r ysbyty.

Mae'r gymuned hon yn hunan gynhaliol, Â rhai allan i weithio, tra bo eraill yn gwneud gwaith llaw i'w werthu. Cyn hir, gobeithir cael cae reis iddynt allu tyfu eu bwyd eu hunain. Daw merched newydd i ymuno â'r gymuned o dro i dro. Daeth tua chwech y llynedd, wedi iddynt gwblhau tri mis o brawf. Byddant o dan hyfforddiant am bron i chwe mlynedd cyn iddynt gael eu cysegru. Wrth i'r gymuned dyfu, gobeithiant allu ymledu i weithio yn y pentrefi hefyd.

Gweddi:

Diolchwn i ti, O Dduw,
am waith y cenhadon cyntaf a aeth
i Fadagascar.
A diolch am wasanaeth pob cenhadwr a chenhades a fu yno.
Diolchwn am y modd y mae dy Eglwys ar yr ynys
wedi tyfu a datblygu ei thystiolaeth.
Diolchwn yn arbennig am gymuned
Mamre.

Gofynnwn am dy fendith ar ei gwaith.
Rho iddi'r sicrwydd o'th bresenoldeb di yn ei defosiwn,
ac arweiniad dy Ysbryd wrth iddi ddatblygu.
Cynorthwya hi i wasanaethu'r tlawd a'r anghenus yn dy enw di.

Cyflwynwn yn arbennig i ti
y chwe chwaer newydd,
iddynt gael eu cadarnhau yn eu galwad,
a dysgu ymddiried yn llwyr ynot.
Cyflwynwn gyda hwy
y ddwy sydd wedi ymgysegru'n derfynol eleni.
Bendithia hwy a sancteiddia fywyd y gymuned.
Amen.

Medi 14: Gweddïwn dros waith Duw ym myd . . .
Y CHWIORYDD – Pwysau Gwaith
Diarhebion 31:10-31

Mae'n darlleniad am Y Wraig Fedrus yn un cyfarwydd i lawer ohonom. Fe'i darllenir yn aml mewn gwasanaeth angladd chwaer rinweddol. Ond o wrando arno'n ofalus, gall godi dychryn wrth i ni sylweddoli gymaint o wahanol bethau mae'r wraig yn ei wneud!

Nid yw'r wraig gyfoes yn *ceisio gwlân a llin,* nac *yn prynu maes ac yn plannu gwinllan â'i henillion,* nac *yn gwneud gwisgoedd o liain ac yn eu gwerthu.* Er hynny, mae dyletswyddau llawer o wragedd wedi cynyddu'n ddirfawr yn y blynyddoedd diwethaf. Ceir amryw o wragedd ffermydd yn dal swydd gyfrifol mewn swyddfa, meddygfa, ffatri neu ysgol, ac yn cyrraedd adref i ganol prysurdeb bwydo neu wyna. Ceir eraill yn cyfuno gwaith y tu allan i'r cartref gyda gofal llond tŷ o blant. Ar ben hyn, mae llawer yn dal i ysgwyddo cyfrifoldeb dros waith traddodiadol Chwiorydd ein capeli, a sefydlwyd mewn cyfnod pan nad oedd merched yn mynd allan i weithio. 'Rydym yn byw yn hŷn y dyddiau hyn, ac felly ceir gwragedd yn cyrraedd oed pensiwn eu hunain ac yn dal i ofalu am rieni oedrannus.

Er pob newid, a'r pwysau gwaith sydd ar lawer, erys y gair: *Pwy a all ddod o hyd i wraig fedrus? Y mae hi'n fwy gwerthfawr na gemau.*

Gweddi:

Arglwydd,
pan oeddit ar ein daear
canmolaist Mair am eistedd yn dawel wrth dy draed.
Clyw ein gweddi yn awr dros y gwragedd hynny
sy'n cael eu llethu gan eu dyletswyddau.
Diolchwn am y cariad a'r gofal
sy'n cael ei roi mor hael i'w teuluoedd.
Diolchwn am gyfraniad merched
i fywyd ein cymdeithas mewn gwahanol feysydd.

Gofynnwn i ti eu cynorthwyo
pan fo bywyd yn anodd, a'r gwaith yn ddiderfyn.
Gwna hwy yn fawr eu gofal o'u teuluoedd,
ac yn gydwybodol yn eu gwaith.
Rho iddynt amynedd mewn sefyllfaoedd blinderus,
a nerth yn eu lludded.
Dysg hwy yn dy flaenoriaethau fel y gallont orffwys arnat,
gan achub ar bob cyfle i wrando arnat a derbyn gennyt.

Cynorthwya ninnau,
aelodau dy Eglwys,
i ddeall y pwysau sydd arnynt.
Cadw ni rhag ychwanegu at eu baich,
ond yn hytrach i'w cynnal trwy bob cyfnod anodd.
Amen.

Medi 21: Gweddïwn dros waith Duw ym myd . . .
Y CHWIORYDD – Chwiorydd yr Eglwys
Philipiaid 4:2-7

Darlleniad byr iawn oedd hwn, a'r adnod olaf yn un cyfarwydd i bob un ohonom mae'n siwr. Ond gadewch i ni sylwi ar ei ddechrau. Annog dwy chwaer, oedd yn weithgar yn yr eglwys yn Philipi, i beidio â ffraeo mae Paul. Teimlaf yn flin dros Euodia a Syntyche, yn cael eu cofio am byth trwy'r byd i gyd oherwydd rhyw bwt o ffrae fach.

Mae'n amlwg iawn, wrth i ni ddarllen llythyrau Paul, fod y chwiorydd a lle amlwg yn yr Eglwys Fore. Ceir rhestr hir o weithwyr ar ddiwedd ei lythyr at y Rhufeiniaid sy'n cynnwys llawer iawn o enwau benywaidd. Ac yma mae Euodia a Syntyche! Nid yw'r sefyllfa wedi newid heddiw. Dibynna llawer capel bychan ar weithgarwch dwy neu dair o chwiorydd ffyddlon. Cymdeithas y Chwiorydd yw'r cyfarfod wythosol mwyaf llewyrchus mewn sawl man. Ceir tîm o chwiorydd sy'n ymwelwyr swyddogol, yn rhoi yn hael iawn o'u hamser i ymweld yn gyson â'r cleifion a'r methedig mewn amryw o eglwysi mawr trefol. Mae'r rhestr o'r hyn y mae'r chwiorydd yn ei gyflawni ar ein rhan ni i gyd yn un maith. Ac nid wyf wedi sôn eto am eu cefnogaeth i'r genhadaeth dramor ers dros ganrif.

Er hyn, ceir ambell i Euodia neu Syntyche yn eu mysg. Cofiwn fod ffrae fach o fewn capel yn dod â gwarth mawr ar yr eglwys.

Gweddi:

Arglwydd,
ti a'n creaist ar dy ddelw dy hun,
yn wryw ac yn fenyw.

Diolchwn i ti
am gyfraniad merched i'th eglwys ar hyd y canrifoedd.
Diolchwn am eu tystiolaeth a'u gwasanaeth
ym mhentrefi a threfi'r Gymru gyfoes.
Cyfaddefwn y byddai llawer cynulleidfa'n ei chael yn anodd
parhau oni bai am eu gwaith.
Diolchwn am gyfraniadau sasiynau a chynadleddau'r chwiorydd
i'r gwaith cenhadol;
am yr arian maent yn ei godi,
ac am y gefnogaeth a roddir ganddynt
i genhadon sydd ymhell o gartref.

Gofynnwn am dy ysbryd i'w harwain,
ac i'w cadw yn ffyddlon i ti.
Na foed i fân siarad,
na phwyslais ar statws frychu eu tystiolaeth
na dod ag anfri ar dy eglwys,
Bendithia eu hymdrechion,
a derbyn eu gwasanaeth,
yn enw Iesu Grist.
Amen.

Medi 28: Gweddïwn dros waith Duw ym myd . . .
Y CHWIORYDD – Merched yn y Weinidogaeth
2 Timotheus 3:10 – 4:5

Rhydd yr adnodau hyn o Lythyr Paul at Timotheus gyngor da i weinidogion. Yn draddodiadol, dehonglir hwy fel cyngor i ddynion, ond erbyn heddiw ceir 13 o ferched yn weinidogion gyda'r Methodistiaid Calfinaidd, ac 8 gyda'r Annibynwyr. Rhannant yn yr un gwaith, ac felly yn yr un problemau â'n gweinidogion i gyd.

Er hynny, daw i'w rhan rai anawsterau sy'n unigryw iddynt hwy. Erys rhai aelodau yn gyndyn i dderbyn eu hordeiniad, neu i ystyried galw merch i'w bugeilio. Tybia eraill y gall merch gyflawni holl ddyletswyddau gweinidog ynghyd â phopeth a ddisgwylid yn draddodiadol gan wraig gweinidog! Ond diolchwn i Dduw fod rhan fwyaf o'n haelodau yn derbyn gweinidogaeth merched a dynion fel ei gilydd.

Er bod rhai gweinidogion o'r ddau ryw yn ddibriod, ceir canran uwch ymysg y merched. Gall hyn arwain at fywyd unig, er yng nghanol ffrindiau, heb neb yn agos i rannu poen a gofid. Cofiwn hefyd am anawsterau y rhai sy'n ceisio bod ar gael i ymateb i anghenion eu praidd, tra yn ymdopi â gofal cartref a theulu.

Diolchwn am y doniau arbennig sydd gan ferched i'w galluogi i wasanaethu, a llawenhawn fod gweinidogaeth y naill ryw yn cyfannu gweinidogaeth y llall.

Gweddi:

**Arglwydd Iesu,
pen mawr yr eglwys,
diolchwn i ti am y rhai yr wyt wedi eu galw
i arwain dy bobl yn eu haddoliad a'u cenhadaeth.
Diolchwn dy fod wedi ein harwain i gydnabod cyfraniad merched,
ac ymfalchïwn yn eu gweinidogaeth yn ein mysg.
Arwain ni i weld ymhellach
sut i ddefnyddio doniau arbennig y naill ryw fel y llall
yng ngwaith yr eglwys.**

**Rho dy gymorth iddynt
pan fo dyletswyddau tŷ a gwaith yn gwrthdaro.
Cynorthwya hwy i droi atat ac i dderbyn dy arweiniad.
Cadw hwy, O Dad Nefol,
rhag ceisio gwneud popeth ac felly gyflawni dim.
Dysg hwy yn hytrach i wrando arnat
a derbyn eu gwaith gennyt ti yn unig.**

**Maddau i ni yr anawsterau ychwanegol
yr ydym yn ei roi yn eu ffordd
wrth fod yn ddifeddwl ein disgwyliadau.
Cynorthwya ni i ymestyn iddynt ein cefnogaeth
er budd dy deyrnas.
Amen.**

Hydref 5: Gweddïwn dros waith Duw ym myd . . .

CYFRAITH A THREFN – Caplaniaid carchar

Ecsodus 20:1-17

Mae carchardai gwledydd Prydain yn llawn o ddynion a merched sydd wedi torri cyfraith gwlad a chyfraith Duw. Yn arbennig, ceir ynddynt lawer sydd wedi lladd a lladrata. Er hynny, maent yn dal yn blant i Dduw, a bu Iesu Grist farw drostynt hwythau yn yr un modd a throsom ninnau.

Gwaith distaw na chlywir amdano'n aml yw gwaith caplaniaid y carchardai. Walton yw'r carchar agosaf i Ogledd Cymru, ac yno ceir tîm o bymtheg o gaplaniaid. Maent yn derbyn ac yn ymweld â phob carcharor sy'n cyrraedd carchar Walton. Cynhelir gwasanaethau bob Sul, ac fe fydd y caplaniaid yn ymweld â'r rhai a fu'n bresennol yn eu celloedd yn ystod yr wythnos. Golygai hyn fod rhwng 200 a 300 o ddynion yn cael ymweliad gan gaplan mewn un wythnos. Cynhelir Dosbarthiadau Addysg Gristionogol ac Astudiaethau Beiblaidd ar noson waith. Ac yna mae llythyrau i'w hysgrifennu at rai a drosglwyddwyd i garchardai eraill, ac a ofynnodd am gael cadw mewn cysylltiad. Ni ellir prisio'r gwaith hwn, ond fe wyddom fod amryw yn dod i adnabod Iesu Grist, ac i dderbyn ei faddeuant yn ystod eu hamser yn y carchar.

Gweddi:

Arglwydd Dduw ein Tad, a Thad ein Harglwydd Iesu Grist.
diolchwn i ti nad oes neb y tu allan i gylch dy gariad,
Yr wyt yn barod i dderbyn pob un a ddaw atat,
ac i faddau ein pechodau pa mor arw bynnag y bont.
Diolchwn i ti am y troseddwyr yn ein carchardai
sy'n dod i wybod am dy gariad a'th faddeuant.
Gweddïwn ar iddynt allu parhau
yn ffyddlon i ti wrth gael eu rhyddhau,
ac arwain hwy at eglwysi sy'n agored i'w derbyn
yn llawen yn dy enw,
heb achwyn iddynt eu gorffennol.

Gweddïwn dros y caplaniaid sy'n gweithio yn ein carchardai.
Rho iddynt dy ddoethineb
i wybod sut i lefaru gair o gysur a gair o her.
Cynorthwya hwy
wrth iddynt ymweld o gell i gell,
ac wrth iddynt arwain
dosbarthiadau a thrafodaethau.
Gofynnwn am dy bresenoldeb yn oedfaon y Sul.
Boed i'r rhai nad ydynt erioed wedi dy gyfarfod
allu teimlo dy bresenoldeb
a gweld dy brydferthwch yng nghanol hacrwch eu bywyd o gosb.
Amen.

Hydref 12: Gweddïwn dros waith Duw ym myd . . .
CYFRAITH A THREFN – Cristionogion yn erbyn Poenydio
2 Corinthiaid 11:16-3

Ymgyrch barhaol yw *Cristionogion yn erbyn Poenydio* gan eglwysi Cymru dros y rhai sy'n cael eu poenydio neu eu carcharu ar gam yng ngwahanol ardaloedd y byd. Ceir nifer sylweddol o aelodau eglwysig o bob enwad sydd wedi ymrwymo i ysgrifennu ac i weddïo'n rheolaidd ar ran un carcharor arbennig. Cyhoeddir taflen wybodaeth sy'n cynnwys enwau a chyfeiriadau penaethiaid a swyddogion eraill yn y wlad lle cawsant eu carcharu, ynghyd ag awgrymiadau o'r hyn y dylem ofyn amdano. O dro i dro, daw'r newyddion a obeithiwyd amdano, sef hanes ei ryddhau. Yna bydd yn amser mabwysiadu carcharor arall, oherwydd, yn anffodus, nid oes prinder o achosion i weithio drostynt.

Tua'r adeg yma o'r flwyddyn, cyhoeddir taflen arall, sef taflen i'n hannog i anfon cardiau Nadolig. Hyd yn oed os na fydd pob cerdyn yn cyrraedd y carcharor, mae'r ffaith fod cymaint o dramor yn dangos diddordeb ynddo yn gymorth i'w gadw'n fyw.

Ni ellir mesur yr hyn a gyflawnir gan y mudiad hwn, ond o dro i dro daw ateb o werthfawrogiad gan un a dderbyniodd gymorth a chalondid o ymdrechion dieithryn drosto.

Gweddi:

Arglwydd,
a ddioddefaist garchar,
artaith a'r gosb eithaf ar ein rhan,
clyw ein gweddi yn awr
dros y rhai sy'n dioddef dan orthrwm anghyfiawnder.

Cyflwynwn i ti y rhai sydd heddiw mewn poen arswydus
wedi ei achosi gan fileindra ac atgasedd dyn.
Rho iddynt yr ymwybyddiaeth, yng nghanol y tywyllwch,
dy fod yno wrth eu hochr yn dioddef gyda hwy.

Cyffwrdd â chydwybod y rhai sy'n llywodraethu
gan ddibynnu ar boenydio i gynnal eu grym.
Boed iddynt ddod i amau gwerth yr hyn sydd ganddynt,
ac i ystyried o'r newydd hawliau sylfaenol eu cyd-ddyn.
Cyffwrdd â'r rhai
sydd wedi cael eu distrywio'n feddyliol ac yn gorfforol
gan eu profiadau a gafael ynddynt yn dy dynerwch.

Diolchwn i ti am waith Cristionogion yn erbyn Poenydio,
am y pwysau mae'n ei roi er rhyddhau carcharorion.
Maddau i ni ein bod mor aml
yn anghofio am y rhai sy'n guddiedig.
Cynorthwya ni i fod yn llais ar ran y distaw
ac yn fwy parod i weithio ac i ymdrechu dros gyfiawnder.
Gwrando ein gweddi yn awr, yn enw Iesu Grist.
Amen.

Hydref 19: (Diolchgarwch) Gweddïwn dros waith Duw ym myd . . .
CYFRAITH A THREFN – Plant Anystywallt
Diarhebion 3:11-26

Wrth i ni ddathlu Gŵyl Diolchgarwch, a diolch i Dduw am ei holl ddaioni tuag atom, mae gennym, yn wir, le i ddiolch. Cafodd y rhan fwyaf ohonom fagwraeth a'n cyfeiriodd tuag at y da. Ceir llawer o blant yn ein cymdeithas y dyddiau hyn nad ydynt wedi cael unrhyw ganllawiau o gwbl. Ceir eraill sydd, er gwaethaf rhieni sydd wedi ceisio rhoi magwraeth dda iddynt, wedi tyfu i fod yn gwbl anhydrin.

Sut y dylem ymateb i hyn fel cymdeithas? Ac yn arbennig, pa arweiniad sydd gennym ni, yr eglwys, i'w gynnig? Yn rhy aml ein hymateb yw deisebu i gadw cartref i blant anystywallt allan o'n hardal ni, a hynny heb wneud unrhyw gynnig cadarnhaol. Fe'n dysgir yn y Beibl ei fod yn ddyletswydd arnom i ddisgyblu ein plant a'u harwain yn ffyrdd Duw. Fe'n dysgir hefyd, nad ein teulu ein hunain, na thrigolion ein hardal ein hunain yw unig wrthrych ein consýrn, ond pob un sydd mewn angen.

Gweddi:

Arglwydd, ein Tad Nefol, a Thad holl blant y llawr,
clyw ein gweddi yn awr ar ran plant anystywallt ein cymdeithas.
Diolchwn i ti dy fod wedi ein creu ar dy ddelw,
a bod y ddelw honno ym mhob un o'n plant.
Gofidiwn, Arglwydd, am y rhai lle mae'r ddelw wedi ei chuddio,
a'u hymddygiad yn gwbl anhydrin.
Maddau i ni ein methiant
fel teuluoedd, ac fel cymdeithas
i'w trin a'u dysgu.

Diolchwn i ti am bob un
sy'n gweithio mewn cartrefi i blant fel hyn,
ac am aelodau o'r gwasanaethau prawf
sy'n ceisio gofalu amdanynt.
Rho dy ddoethineb i'r llysoedd plant
sydd yn gorfod barnu a dedfrydu rhai ifanc.
Boed iddynt weinyddu barn deg,
gyda gofal a thrugaredd.
Gwared hwy rhag unrhyw awydd i ddial,
neu i geisio boddio dicllonedd y cyhoedd.

Maddau i ni ein bod, fel eglwysi, mor araf a di-weledigaeth.
Yr ydym yn tueddu i wthio'r broblem o'r golwg
gan obeithio na fydd yn cyrraedd trothwy ein drws ni.
Dysg ni o'r newydd, O Dad Nefol,
mai dy blant di yw'r rhai hyn,
ac arwain ni i ddeall dy ffordd di o garu ac o ddisgyblu,
fel y gallom gyflawni ein dyletswydd,
er gogoniant i ti.
Amen.

Hydref 26: Gweddïwn dros waith Duw ym myd . . .
CYFRAITH A THREFN – Corea
Eseciel 37:15-22

Pan fo cenedl wedi ei rhannu, ceir pob math o ddioddefiadau yn ei sgîl. Megir casineb a drwgdybiaeth rhwng pobl sy'n un yn eu hanfod. Chwalir teuluoedd, ac nid oes modd cael hanes cefndryd na pherthnasau eraill. Roedd Eseciel yn proffwydo yn y cyfnod pan oedd cenedl Israel wedi ymrannu yn ei herbyn ei hun, y gogledd yn erbyn y de. Heddiw mae un o'n partneriaid o fewn teulu CWM, sef **Eglwys Bresbyteraidd Corea,** yn tystiolaethu mewn cenedl sydd wedi ei rhannu ers dros hanner can mlynedd. Credir bod tua deng miliwn o deuluoedd wedi ei rhannu gan y sefyllfa wleidyddol sy'n bodoli yno.

Er gwaethaf pob erlid o ochr y llywodraeth, ceir mudiad ail uniad cryf, gyda'r eglwysi'n cymryd rhan flaenllaw ynddo. Cedwir Awst 15fed yn ddiwrnod arbennig gan y Cyngor Eglwysi Corea i weddïo dros ail uno'r de a'r gogledd. Rhyw ddwy flynedd yn ôl, penderfynwyd trefnu cadwyn ddynol i uno'r ddwy ran yn symbolaidd. Daeth 60,000 o bobl, o 55 o gymdeithasau, i sefyll law yn llaw ar hyd y ffyrdd a thros y caeau i ffurfio cadwyn 30 milltir yr hyd. Wedi cyrraedd Imjangak, bu rhaid aros. Yma ceir clwydi mawr ar draws y ffordd, wedi eu gwarchod gan filwyr arfog. Er mai Corea sydd i'r gogledd, a Chorea sydd i'r de, nid oes mynediad trwyddynt. Dyma'r ffin y maent yn dyheu am weld ei ddymchwel.

Gweddi:

**Dduw a thad yr holl genhedloedd,
fe anfonaist dy fab i'n byd
i chwalu yn ei gnawd ei hun
pob canolfur o elyniaeth sydd yn gwahanu.
Clyw ein gweddi yn awr
ar ran dy eglwys yng Nghorea.
Diolchwn i ti am ddewrder ei safiad
dros ail uniad er gwaethaf gwrthwynebiad y llywodraeth.
Diolchwn i ti am ei gweddi,
ac am ei gweithredu.**

**Cyflwynwn i ti
bob teulu sy'n hiraethu am anwyliaid
nad ydynt wedi eu gweld ers dros hanner can mlynedd,
a gofynnwn i ti brysuro'r dydd
pan ddaw rhyddid iddynt gerdded yn rhwydd
trwy'r clwydi yn Imjangak.**

  **Efengyl tangnefedd, dos rhagot yn awr;
  Â doed dy gyfiawnder o'r nefoedd i lawr;
  Fel na byddo mwyach na dial na phoen,
  Na chariad at ryfel, ond rhyfel yr Oen.
Amen.**

Tachwedd 2: Gweddïwn dros waith Duw ym myd . . .

DIWYDIANT A BUSNES – Cadw'r Sul

Nehemeia 13:15-22 a Marc 2:23-28

Stori lym iawn yw'r hanesyn yn Llyfr Nehemeia. Mae'n fy atgoffa o'r siglenni oedd yn cael eu cloi dros y Sul yn y parc pan oeddwn yn blentyn. Dengys dysgeidiaeth Iesu, yn yr hanesyn ym Marc, nad cadw rheolau negyddol yn gaeth yw ystyr cadw'r Saboth.

Fel y bu'n rhaid i'r Phariseaid ddysgu ystyr *Chwe diwrnod yr wyf i weithio a gwneud dy holl waith o'r newydd,* felly mae'n rhaid i ninnau hefyd. Mae'r ddeddf bresennol ar agor siopau ar y Sul yn anaddas i'r gymdeithas sydd ohoni. Ac mae siopau eisoes wedi dysgu ei hosgoi.

Gofynnwn am arweiniad Duw i'r eglwys allu rhoi arweiniad i'n cymdeithas. Mae arnom angen deddfau fydd yn dehongli dysgeidiaeth Iesu ar gyfer ein hoes.

Nid pwrpas y pedwerydd gorchymyn yw caethiwo'n ddireswm, ond yn hytrach i warantu cyfle i bawb i gadw un diwrnod o bob saith yn ddiwrnod o orffwys ac o amser i addoli Duw.

Gweddi:

**Arglwydd Dduw Israel,
a Phen Mawr yr eglwys,
diolchwn i ti
am y Deg Gorchymyn.
Diolchwn i ti am genedl Israel
a fu'n dyst ar hyd y canrifoedd i'th Gyfraith;
cyfraith sydd er ein lles ni fel unigolion ac fel cymdeithas.
Diolchwn i ti
fod gymaint o ddeddfau ein gwlad
wedi eu seilio ar dy Ddeddf,
ac yn foddion rhyddid i bob un ohonom.**

**Gofynnwn am dy ddoethineb wrth i ni eu haddasu
ar gyfer cyfnod newydd yn hanes ein cymdeithas.
Dysg i ni geisio'r hanfodion,
eu deall, ac yna eu dehongli
yng nghyd-destun ein bywyd presennol
fel y'n dysgwyd gan dy fab Iesu Grist.
   Gwna'r Sabathau'n ddyddiau'r nefoedd'
   Yng ngoleuni d'eiriau glân . . .
   Rhag pob brad, nefol Dad,
   Taena d'adain dros ein gwlad.
Amen.**

Tachwedd 9: Gweddïwn dros waith Duw ym myd . . .

DIWYDIANT A BUSNES – Jamaica

2 Thesaloniaid 3:6-15

Adnodau anodd yw'r rhain i rai mewn gwlad fel Jamaica. Bregus iawn yw'r economi, a cheir diweithdra a thlodi enbyd yng nghanol y trefi. Mae'n chwaer eglwys yno, sef **Eglwys Unedig Jamaica ac Ynysoedd Cayman,** yn ymwybodol iawn o'r problemau hyn.

Ym 1978, sefydlodd ysgol a chylch meithrin yn Hannah Town, ardal ddifreintiedig yn Kingston, y brif ddinas. Erbyn heddiw, mae'r *Mel Nathan Institute* yn enwog y tu allan i ffiniau'r wlad. Yn ogystal a'r ysgol wreiddiol, rhedir yma nifer fawr o gyrsiau gyrfaol. Dysgir gwaith coed a gwaith lledr, sgiliau trydanol, arlwyo, cynnal a chadw moduron, teilwra ac amryw o sgiliau eraill. Wedi iddynt gwblhau cwrs, bydd y rhai a hyfforddwyd yn derbyn cymorth i ddod o hyd i waith, neu i ymsefydlu yn eu gwaith eu hunain. Ni chyfyngir y gwaith i safle'r sefydliad yn unig; ymleda ei ddylanwad ar brosiectau bychain trwy'r wlad i gyd.

Cred yr Eglwys Unedig fod ganddi brofiad a all fod o fudd i eraill. Cynigir *Study Tour Programme* i dramorwyr dreulio rhan o'u gwyliau yn astudio'r ymateb Cristionogol i bynciau economaidd byd eang.

Gweddi:

Arglwydd ein Duw,
Arglwydd yr holl greadigaeth a Thad holl ddynolrwy,
fe'n creaist i gyd-fyw â'n gilydd
ac i drefnu bywyd ar gyfer cymdeithas gyfan.
Diolchwn i ti am waith
Sefydliad Mel Nathan yn Jamaica.
Diolchwn i ti am y weledigaeth,
ac am yr ymroddiad i geisio dy ffordd di yn y byd economaidd.

Rho dy fendith ar y rhai sy'n gweinyddu'r sefydliad
ac yn hyfforddi ynddo.
Boed iddynt gadw o flaen eu llygaid
dy gariad di tuag at yr unigolyn
boed dlawd neu freintiedig.
Bendithia'r rhai sy'n derbyn hyfforddiant,
iddynt allu elwa o'r addysg
a chael cyfle i gymryd eu rhan ym mywyd economaidd y wlad.

Maddau i ni
ein bod mor amharod i geisio dy air di ar faterion busnes,
a chynorthwya ni i ddysgu gan ein brodyr
yn Jamaica.
Amen.

Tachwedd 16: Gweddïwn dros waith Duw ym myd . . .
DIWYDIANT A BUSNES – Caplan Diwydiant
Ecsodus 35:30–36:1 a 36:8-19

Darllenwyd disgrifiad o waith crefftwyr dawnus yn adeiladu'r Tabernacl. Dysg y Beibl i ni mai rhodd gan Dduw yw pob dawn i greu. Dibynna ein heconomi modern ni, yn fwy na dim, ar y gallu i greu. Adnabyddir pwysigrwydd y gwaith a'r gweithwyr gan yr eglwys. Yr ydym i gyd, yn aelodau o'r ddau enwad, yn cyfrannu tuag at waith caplaniaid diwydiannol yng ngogledd ddwyrain Cymru ac yn y de.

Gweithia Caplan Diwydiant ar ddwy lefel. Yn gyntaf, mae'n fugail i'r rhai sy'n gweithio ym myd diwydiant. Bydd yn ymweld yn rheolaidd, weithiau cyn amled ag unwaith yr wythnos, â ffatri i ddod i adnabod y gweithwyr a'r rheolwyr. Wrth iddynt ddod i'w adnabod, ac i ymddiried ynddo, maent yn gallu rhannu gydag ef eu problemau personol a phroblemau gwaith. Pan ddaw argyfwng i waith, megis bygythiad i gau, y mae yno yn barod yn rhan o dîm i gynghori ac i ymgeleddu.

Ar y lefel arall, mae'r caplaniaid yn rhan o'r dasg o aildrefnu bywyd diwydiannol ein gwlad. Wrth i'r pyllau a'r gweithfeydd mawr, oedd yn cyflogi cannoedd, fynd yn brin, rhaid datblygu rhwydwaith o fusnesau bach. Lleolir amryw ohonynt mewn ardaloedd gwledig, ac eraill mewn trefi lle bu cyflogwyr mawr amhersonol yn y gorffennol. Mae'n caplaniaid ar y pwyllgorau a'r gweithgorau sy'n ymwneud â'r newidiadau hyn, ac yn ceisio dod â diwinyddiaeth i mewn i'r drafodaeth fel y ceir penderfyniadau da ac y seilir ein cymdeithas a'n busnesau ar ewyllys Duw.

Gweddi:

Arglwydd,
ti a roddaist y gallu a'r medr i wneud pob math o waith,
ti a'n gosodaist mewn cymunedau i weithio
er lles ein gilydd,
derbyn ein gweddi yn awr
ar ran gweithwyr diwydiannol ein gwlad.
Boed iddynt deimlo urddas yn eu gwaith,
yr urddas o greu pethau da,
fel y creodd Iesu waith da yng ngweithdy ei dad.

Rho dy fendith ar waith
y caplaniaid yn eu mysg,
fel y gallont ddod â'th air di yn berthnasol
i ddatblygiadau newydd,
a dangos dy gariad di
i'r rhai sy'n cael eu heffeithio ganddynt.
  Mewn craig a phwll, yng nghanol sŵn
  Peiriannau a'u byddarol rŵn,
  Rho glywed dy leferydd di:
  'Gwnewch hyn er coffa amdanaf fi.'
Amen.

Tachwedd 23: Gweddïwn dros waith Duw yn myd . . .

DIWYDIANT A BUSNES – Safonau

Amos 5:6-15

Proffwyd a aeth o'r De i'r Gogledd i geisio galw pobl i sylweddoli oblygiadau bod yn bobl Dduw oedd Amos. Bu'n pregethu oddeutu wyth gan mlynedd cyn Crist. Er hynny, erys ei neges yn gyfoes iawn. 'Roedd pobl Israel yn credu bod Duw gyda hwy, ac yn eu hamddiffyn, ond nid oedd hynny fel petasai'n effeithio dim ar eu ffordd o fasnacha.

Neges Amos yw fod Duw yn disgwyl i ni adlewyrchu'n crefydd yn ein bywyd, hyd yn oed yn y farchnad stoc, y banciau, a busnesau mawr a bach ein dinasoedd. *Casewch ddrygioni, carwch ddaioni, gofalwch am farn yn y porth.* 'Y porth' oedd marchnad y dre, lle gwnaethpwyd y prynu a gwerthu, lle seliwyd cytundebau, a lle trafodwyd holl fusnes y gymdeithas.

Ein hymddygiad yn ein gwaith pob dydd, ein gonestrwydd wrth drin arian, ein hunplygrwydd mewn busnes, dyma'r dystiolaeth mae Duw yn ei ofyn gennym. Heb hyn, ofer yw ein crefydd. *Ceisiwch ddaioni, ac nid drygioni, fel y byddwch fyw ac y bydd Arglwydd, Duw'r Lluoedd, gyda chwi.*

Gweddi:

Arglwydd Dduw,
Dduw cyfiawnder a barn,
diolchwn i ti am ddysgeidiaeth Amos a'r proffwydi eraill
sy'n ein hatgoffa o'n dyletswyddau moesol.
Cadw ni rhag ceisio dy addoli
ar y Sul
ac anghofio amdanat yn y gwaith
dydd Llun.
Fe wyddom dy fod yn hawlio ein bywyd oll,
ac yn disgwyl i ni fyw yn onest,
â'n holl weithredoedd yn abl i ddal dy oleuni.

Maddau i ni nad ydym pob amser yn marchnata yn gywir,
nac yn cofio dy air di wrth drin ein heiddo.
Pura sefydliadau busnes ein gwlad,
fel na fo angen arferion amheus
na rhyw hanner gwirioneddau i lwyddo.
Cadw ni rhag niweidio eraill
wrth geisio elw i ni ein hunain,
ond cynorthwya ni yn hytrach
i weithio fel bod arian y genedl
yn foddion i leddfu angen ac i rannu adnoddau
er gogoniant i'th enw.
Amen.

Tachwedd 30: (Adfent) Gweddïwn dros waith Duw ym myd . . .
DIWYDIANT A BUSNES – Papwa Gini Newydd
Luc 14:25-33

Oni fydd yn gyntaf yn eistedd i lawr i gyfrif y gost, er mwyn gweld a oes ganddo ddigon i gwblhau'r gwaith? Wrth agosáu at ddiwedd y flwyddyn, mae pob trysorydd eglwys yn ymwybodol o gost y gwaith, a'r angen i gael digon ar ei gyfer. Mewn gwlad dlawd, gall y gost o gynnal gwaith eglwys fod yn uchel iawn o'i gymharu â chyflogau aelodau. Digwydd hyn yn arbennig pan fo'r eglwys yn cynnal llawer o'r gwaith y byddai'n llywodraeth ni yn ei wneud.

Mae **Eglwys Unedig Papwa Gini Newydd ac Ynysoedd Solomon** yn un sydd wedi cyfrif y gost yn ofalus, ac wedi sefydlu mentrau busnes, sef *Span Enterprises* a *Menduli*. Ceir planhigfeydd coconut a cocoa, gwasg argraffu, gwaith adeiladu cychod, siopau, a llong cludo nwyddau o dan ofal *Span Enterprises*. Mae gan *Menduli* siopau bwyd, siop ddillad a theilwra, crasdy, siop nwyddau trydanol, gweithdy moduron a chontractwr adeiladu yn rhan o'i fenter.

Nid yn unig y mae'r mentrau hyn yn cynhyrchu incwm ar gyfer cynnal peth o waith yr eglwys, ond y maent hefyd yn rhoi arweiniad gyda'u prisiau isel ac yn creu gwaith. Tystiant i gonsýrn yr Efengyl am y person cyfan.

Yn ystod y blynyddoedd diwethaf, cafwyd anawsterau oherwydd cwymp yn y farchnad ryngwladol, rhyfel cartref yn Nhalaith Ogleddol Solomon, ac echdoriad folcanaidd yn Rabaul. Ar ben hynny, llosgwyd rhai o'r swyddfeydd â thân.

Gweddi:
Arglwydd,
ti a roddodd allu i ddyn i greu ac i weithio
er lles ei gyd-ddyn.
diolchwn i ti am waith
Eglwys Unedig Papwa Gini Newydd ac Ynysoedd Solomon.
Diolchwn am y weledigaeth a sefydlodd fentrau
Span a *Menduli,*
am y gwaith a'r nwyddau maent yn eu cynnig
mewn ardaloedd lle mae prinder.
Diolchwn am yr esiampl maent yn ei gynnig
mewn safonau masnach a phrisiau teg.

Gofynnwn am dy arweiniad
i'r rhai sy'n rheoli'r busnesau,
ar iddynt weithio'n onest a chywir.
Cadw hwy rhag digalonni o dan anawsterau,
ond rho iddynt y gallu i orchfygu
er gogoniant i'th enw,
Amen.

Rhagfyr 7: Gweddïwn dros waith Duw ym myd . . .

Y TEULU – Tor priodas
Marc 10:1-12

Mae dysgeidiaeth Iesu yn eglur ddigon: am oes y mae priodas. Ac, yn wir, teuluoedd cadarn yw sylfaen cymdeithas. Hwy yw'r caerau lle megir plant i wybod beth yw cariad, maddeuant a goddefgarwch.

Ond wedi dweud hynny, rhaid cyfaddef fod canran uchel iawn o deuluoedd yn chwalu, a phriodasau yn methu. Gad hyn ddolur a thristwch yn ei sgîl. Ymestyn y briw ymhell tu hwnt i fywyd dau unigolyn. Effeithir ar y plant, daw â chywilydd, neu ymdeimlad o feithiant i rieni, daw â sioc a siomiant i ffrindiau.

Methiant cariad yw'r methiant sy'n brifo waethaf. Ac felly yma y dylem fod fel Cristionogion, yn dangos cariad Crist: y cariad na fydd byth yn ein gadael. Dyma lle dylem fod yn dangos maddeuant Crist: y maddeuant sy'n ffaddeuant llwyr.

Gadewch i ni holi ein hunain. A yw cymdeithas ein heglwys yn ddigon goddefgar a chynnes i ddenu atom y rhai sydd wedi cael eu brifo gan fywyd. Neu a ydym yn rhy barchus i rai sydd mewn angen am ein cariad feiddio dod atom?

Gweddi:
**Arglwydd Dduw,
a roddaist dy enw i bob teulu,
rhoddaist i ni y rhodd o gariad
rhwng mab a merch
sy'n arwain at briodas a sefydlu teulu.
Diolchwn i ti
am y cariad hwn sydd wedi clymu llawer ynghyd
a'u cadw trwy anawsterau a phrofiadau chwerw bywyd.**

**Clyw ein gweddi yn awr
dros y rhai sydd wedi eu brifo wrth i'r cariad hwn fethu.
Gwarchod y rhai sy'n ceisio ailsefydlu bywyd wedi ysgariad poenus.
Er gwaethaf eu siom mewn cariad dynol,
arwain hwy iddynt allu ymddiried yn dy gariad,
a derbyn dy faddeuant am eu holl fethiannau.**

**Cadw yn dy ofal
y plant
sy'n teithio'n ôl a blaen rhwng dau gartref,
y rhai sy'n amddifad o ofal un rhiant,
a'r rhai sy'n cael eu rhwygo rhwng dau.
Boed iddynt ddod i adnabod ynot
y cariad hwnnw sydd byth yn methu,
a'r tangnefedd hwnnw
sydd uwchlaw pob deall.
Amen.**

Rhagfyr 14: Gweddïwn dros waith Duw ym myd . . .

Y TEULU — Aelodau Coll

Genesis 45:1-15

Rhan o stori Joseff yw'r adran a ddarllenwyd o Genesis. 'Roedd Jacob wedi colli pob gobaith o gael gweld ei fab Joseff unwaith eto. 'Roedd wedi diflannu o'i fywyd y diwrnod hwnnw yr aeth i chwilio am ei frodyr ger Sichem. Tybiai Jacob ei fod yn farw. Er y gwyddai ei frodyr hanes y diwrnod hwnnw, nid oedd ganddynt unrhyw wybodaeth am hynt eu brawd ers hynny. Pan aethant i'r Aifft i chwilio am fwyd, yr oedd cyfarfod â'u brawd ym mhell o feddwl pob un ohonynt.

Go brin fod gwerthu brawd i gaethwasiaeth yn rhan o hanes yr un ohonom, ond er hynny, mae gan lawer teulu aelod sydd wedi colli pob cysylltiad â hwy. Bu adeg pan aeth amryw i Loegr i weithio, ac eraill i'r America. Ar y dechrau, 'roedd llythyru cyson, ac yna yn raddol aeth y llythyrau a'r galwadau ffôn yn brinnach, ac yna y neges *Not known at this address*.

Pan ddaw profedigaeth i'r teulu, ni ellir dweud wrth y person coll; pan fydd priodas, gwelir ei le'n wag. Wrth i'r Nadolig agosáu, mae'r dyfalu'n dwysáu, 'Tybed ble mae erbyn hyn?' Erys yr hiraeth. Nid oes esmwythâd, nac ateb i'r cwestiynu. Wrth i ni nesáu at ein gilydd, fel teuluoedd dros yr Ŵyl, gadewch i ni gofio'r teuluoedd sydd wedi eu bylchu fel hyn.

Gweddi:

Arglwydd Dduw, ein Tad Nefol,
diolchwn i ti am ein rhoi mewn teuluoedd
i garu a diddanu'n gilydd.

Cyflwynwn i ti y teuluoedd hynny sydd wedi eu gwahanu,
ac na allant fod gyda'i gilydd dros yr Ŵyl.
Cofiwn yn arbennig y rhai na wyddant ble mae
brawd neu chwaer neu berthynas arall.
Yn eu hiraeth a'u dyfalu,
cynorthwya hwy i'w cyflwyno i ti,
ac i orffwys yn y sicrwydd
nad ydynt allan o gyrraedd dy gariad,
Cynorthwya ni i ddeall eu teimladau ac i gydymdeimlo â hwy.
Gwarchod ni yn ein hymddiddan,
fel na fydd i ni beri loes
wrth siarad yn ddifeddwl ac yn anystyriol.

Cyflwynwn i ti
bob un sydd wedi crwydro oddi wrth ei deulu,
gan ofyn i ti ei warchod
a'i dywys yn ôl i berthynas agos unwaith eto.
Amen.

Rhagfyr 21: (Nadolig) Gweddïwn dros waith Duw ym myd ...

Y TEULU – Rhieni Maeth

2 Brenhinoedd 4:8-37 (neu 18-37)

Gall pob un ohonom gydymdeimlo â'r wraig fonheddig o Sunem yn ei phryder am ei mab ac yn ei llawenydd o'i gael yn ôl yn ei breichiau. Y plant sy'n ein meddyliau adeg y Nadolig fel hyn, ac nid yn unig plant bach, ond y rhai hŷn sydd wedi gadael cartref. Mae'n gyfnod o'r flwyddyn pan ddaw teuluoedd at ei gilydd.

Addas yw i ni gofio, yng nghanol cwmni'r teuluoedd, nad oes gan bob plentyn deulu i glosio ato fel hyn. Am wahanol resymau, daw cyfnod i fywyd ambell deulu pan na all y rhieni ofalu am eu plant. Gall hyn fod oherwydd marwolaeth neu afiechyd garw yn y teulu, neu fe all fod oherwydd diffygion yng ngallu'r teulu i gyd fyw. Pa reswm bynnag, gesyd y plentyn yn ddi-ymgeledd, a dibynna ei ddyfodol ar rai sy'n cynnig eu hunain yn rhieni maeth.

Nid gwaith hawdd yw rhoi cartref cariadlon, da i blentyn o deulu arall. Bydd y plentyn yn aml wedi ei effeithio'n ddrwg gan anwadalwch ei sefyllfa, ac felly yn ymateb gyda drygioni a drwgdybiaeth. Rhaid agor y cartref i arolygiaeth y gwasanaethau cymdeithasol, rhaid ceisio dal pen rheswm â phlentyn sy'n ymwybodol o'i 'Hawliau', ac ar ben hyn i gyd, ei garu fel eich plentyn eich hyn, er nad yw'r sefyllfa'n un barhaol. Wrth i ninnau fwynhau'r Ŵyl yng nghanol y teulu, cofiwn am y rhieni maeth hynny sydd wedi agor eu haelwydydd a'u calonnau i blant mewn angen.

Gweddi:

Iesu tirion gwnaethost le
I rai bychain yn dy dŷ;
Eiddynt hwy yw teyrnas ne',
Ac mae cartref iddynt fry.

Diolchwn i ti
am y rhai hynny sy'n barod
i dderbyn a charu plant
na all eu rhieni ymdopi â hwy.
Gofynnwn am dy fendith arnynt yn eu gwaith.
Rho iddynt
amynedd a dyfalbarhad.
Llanwa hwy â'th ddoethineb ac â'th gariad,
fel bod plant
sydd wedi cael eu clwyfo gan amgylchiadau bywyd
yn dod i ddysgu ystyr cariad.
Cyflwynwn i ti
blant eraill y teulu sy'n gorfod dysgu rhannu eu rhieni
gyda phlentyn dieithr.
Rho iddynt ran yng ngweledigaeth eu rhieni,
a phrofiad arbennig o'th gariad.
Amen.

Rhagfyr 28: Gweddïwn dros waith Duw ym myd . . .

Y TEULU – Teulu'r Eglwys

Marc 3:31-35 a Effesiaid 3:14-21

'Rydym newydd ddathlu'r Nadolig. Llawer iawn ohonom wedi cael cyfle i orffwys yng nghwmni ein teuluoedd, ac i gymdeithasau â pherthnasau o bell. Wrth i ni ymfalchïo ym mhob peth y mae'r teulu yn ei olygu i ni, gadewch i ni fyfyrio ar y ffaith ein bod yn perthyn i deulu amgenach hefyd.

Dywedodd Iesu: *Pwy bynnag sy'n gwneud ewyllys Duw, y mae hwnnw'n frawd i mi, ac yn chwaer, ac yn fam.* Yn rhinwedd hyn, yr ydym yn perthyn i deulu sy'n ymestyn yn ôl dros y canrifoedd, ac ymlaen i dragwyddoldeb. Mae gennym frodyr a chwiorydd ym mhob gwlad yn y byd. Perthynwn i'n gilydd am ein bod i gyd yn blant i'r un Tad, sef Tad ein Harglwydd Iesu Grist.

Yn rhinwedd ein haelodaeth o eglwys Gynulleidfaol, neu Bresbyteraidd, y mae pob un ohonom yn perthyn i un teulu arbennig, sef CWM. Teulu yw hwn o 31 o eglwysi dros bum cyfandir. Rhannwn weledigaeth a newyddion. Rhannwn weithwyr ac adnoddau. Rhannwn ein llawenydd a'n ffydd yn Iesu Grist.

Rhydd hyn fraint aruthrol i ni, ynghyd â chyfrifoldeb mawr. Wrth i ni gamu ymlaen i'r flwyddyn newydd, gadewch i ni ddiolch i Dduw amdanynt, ac ymroi i ddod i'w hadnabod yn well.

Gweddi:

Am dy Eglwys, Iôr bendigaid,
Seiniwn heddiw fawl ynghyd;
Ti a'i rhoddaist inni'n gartref
Rhag y drwg sy yn y byd.

Diolchwn i ti, O Dduw, am gael bod yn aelodau o deulu mor fawr.
Diolchwn am bopeth yr ydym wedi ei dderbyn yn dy Eglwys.
Diolchwn hefyd
am y myrdd o frodyr a chwiorydd sydd gennym trwy'r byd i gyd.
Gwna ni yn fwy parod i gofio amdanynt,
i ddysgu am eu gobeithion a'u hanghenion,
ac i'w cyflwyno hwy i ti.

Wrth i ni gyfarfod o Sul i Sul yn gynulleidfaoedd bychain
ym mhentrefi a threfi Cymru,
caniatâ i ni fod yn ymwybodol fod ein mawl a'n haddoliad
yn uno ag addoliad miliynau dros y byd i gyd,
ac yn codi'n un môr o gân gan dy Eglwys yn fawl i ti.

Deled eto bobloedd daear
Drwy ei phyrth yn dorf ddi-ri',
Yn ei chanol yr wyt beunydd
A hyd byth nid ysgog hi.
Amen.

Gweddïau

GWEDDI

DROS LWYDDIANT YR EFENGYL YNG NGHYMRU

Ein Tad Nefol, deuwn atat i bledio arnat
i drugarhau wrth Gymru.

Trown atat, yn haeddiant dy Fab Iesu Grist yn unig.
Cyffeswn ef yn Arglwydd ac yn Waredwr,
a diolchwn i ti am iddo farw ar y groes er mwyn i ni gael byw.
'Rydym yn ymwybodol iawn, Arglwydd,
nad ydym yn haeddu dim o'th law.
Felly, cawn ein rhyfeddu a'n syfrdanu
gan y cariad a ddangosaist tuag atom yn Iesu Grist.
Ni all geiriau fynegi maint ein diolch.

Gan fod ein geiriau mor annigonol, Arglwydd,
gofynnwn i ti chwilio'n calonnau.
Maddau'n bai.
Glanha ni o'n pechod.
Rho i ni nerth ac arweiniad yr Ysbryd Glân.
Helpa ni i fod yn agored o'th flaen.
Edrych y tu hwnt i'n geiriau ar y galon,
a thywys ni, wrth i ni eiriol ar ran ein gwlad.

Diolch i ti am yr adegau hynny yn hanes Cymru
pan ddaeth yr Ysbryd Glân mewn nerth
—y cyfnodau hynny o ddiwygiad grymus
pan drodd y cannoedd a miloedd at Iesu Grist.
Trown atat eto 'nawr, a ninnau'n hiraethu
'am yr awel gref a'r tafod tân.'

Diolch i ti am effaith iachusol y cyfnodau hynny
ar ein cymdeithas, ei gwerthoedd a'i moesau.
Diolch am y modd cyfoethogwyd ein hiaith a'n diwylliant,
a'u gwneud yn gyfrwng mawl i ti.
Tyred eto i'n hacháu.

Clodforwn di hefyd fod dylanwadau iachusol
yr hyn a gyflawnaist yng Nghymru
wedi lledu i wledydd lawer drwy'r byd i gyd.
Diolchwn am yr holl genhadon o Gymru
a aeth â'r newyddion da ar led.
Gwna ni eto'n bobl sydd am rannu'r newyddion da ag eraill,
ac anfon bobl o wledydd eraill
i rannu gobaith a gwefr dy enfengyl â ni'r Cymry.

Sylweddolwn, Arglwydd, fod y fflam wedi llosgi'n isel yn ein gwlad.
Gwelsom laweroedd yn troi eu cefnau ar eglwysi.
Er hynny, diolchwn fod dy lân Ysbryd yn dal ar waith,
a'th fod yn ein galw ni oll i berthynas ddyfnach â thi dy hun.
Helpa ni i fod yn ffyddlon ac yn llafar dros Iesu Grist bob amser.
Arglwydd, maddau'r
   troeon y bu i ni dristáu yr Ysbryd Glân.
Arglwydd, maddau
   i'r eglwysi hynny sy'n dwyn enw Iesu Grist
     am iddynt adael i'r gannwyll gael ei chuddio mor aml,
     ac am iddynt adael i'r halen droi'n ddiflas.
Arglwydd, maddau i ni
   os ydym wedi caniatáu i grefydd a thraddodiad
   gadw'r grym a'r gwirionedd hyd braich.
Arglwydd, maddau
   bob gair gwag a gweithred hunanol ar ein rhan.

Gweddïwn dros lwyddiant dy efengyl yng Nghymru.
Tywallt eto dy ddyfroedd bywiol ar ein tir sychedig.
Arglwydd, llanw ni, dy bobl, â'th Ysbryd Glân.
Gwna ni'n weddïwyr.
Gwna ni'n addolwyr.
Gwna ni'n dystion.
Gwna ni'n ddisgyblion.
Helpa ni i fwrw'n swildod, a sôn wrth eraill am Iesu Grist.

Trwom ni, dangos dy gariad tuag at y tlawd a'r gorthrymedig yn ein byd,
   y claf a'r anabl, yr henoed a'r unig,
   y di-waith a'r di-gartref yn ein cymdeithas.
Arglwydd, gwna ni'n bobl gyfrifol, sy'n gofalu am dy greadigaeth,
   yn rhannu'r adnoddau a roist yn ein gofal ag eraill,
   ac yn gweithio dros gyfiawnder a chymod drwy'n gwlad a'n byd.
Gwna ni'n fyddin tangnefedd,
   yn abl i wrthsefyll dylanwad pwerau'r tywyllwch.
Galluoga ni i dorri'n rhydd o afael gwerthoedd gwag a thwyllodrus
   ein cymdeithas seciwlar, faterol.
Tro bobl ifanc Cymru yn ôl atat dy hun,
   a'u tanio â sêl a brwdfrydedd dros dy werthoedd a'th wirionedd.
Eneinia dy weinidogion
   wrth iddynt gyhoeddi gwirioneddau dy Air.
Galw bob un ohonom yn ôl i'n gliniau.
Gweddïwn, Arglwydd, ar i'th deyrnas a'i gwerthoedd amgen
   fynd ar led drwy'n gwlad unwaith eto,
   er clod a gogoniant i enw'r Arglwydd Iesu Grist.

Felly, ein Tad Nefol, ymwêl â ni â'th iachawdwriaeth,
   a thrugarha wrth Gymru'n gwlad eto.
Er gogoniant i'th enw.
Amen.

GWEDDI O DDIOLCH AC YMBIL DROS YR UN EGLWYS LÂN GATHOLIG AC APOSTOLAIDD

Dathlwn heddiw, Arglwydd,
yr undeb sydd,
nid gobaith gwag na breuddwyd ffŵl,
ond ffaith sicr ein ffydd:
> un corff sydd.

Am undod dy gorff di, dy Eglwys,
yn ei holl amrywiaeth
> o draddodiad ac arfer,
> iaith a diwylliant,
> hanes ac amgylchiadau,
diolch iti, Arglwydd.

Am ein hundod yn dy Ysbryd,
> yn ein creu'n gymdeithas,
> yn ein donio ynghyd â rhoddion Crist,
> yn ein cymhwyso mewn cenhadaeth,
diolch iti, Arglwydd.

Am un gobaith ein galwad,
> yn ein cadw'n ffyddlon yn ein hymdrech,
> yn ein gwneud yn wrol mewn dioddefaint,
> yn herio angau â buddugoliaeth bywyd tragwyddol,
diolch iti, Arglwydd.

Am ein hundod trwy fedydd,
> yn arwydd ein cyfodi o farwolaeth i fywyd,
> yn sagrafen ein perthyn i'th un corff di,
> yn ernes ein galwad i waith gweinidogaeth,
diolch iti, Arglwydd.

Arglwydd,
gelwaist ni i fod yn un yng Nghrist.
Llawenhawn yn yr undeb â'n gilydd yr ydym wedi ei ddarganfod
yng Nghymru ac yn fyd-eang yn ystod y ganrif hon.
Gofynnwn iti faddau inni
> fod dy deulu yn rhanedig,
> inni glwyfo'n hunain drwy fod ar wahân,
> ac am boen undeb na chyflawnwyd hyd yn hyn.
Arglwydd, una ni yn dy gariad.

Arglwydd,
gelwaist ni i fod yn sanctaidd.
Llawenhawn yn yr arwyddion o sancteiddrwydd ac ymgysegriad
a welsom yn ein gilydd.
Gofynnwn iti faddau inni am wrthod yn gyson
    â bod yn offerynnau addas i'th bwrpas,
    cael ein cymhwyso i waith gweinidogaeth,
    a bod yn arwyddion o'th bresenoldeb yn dy fyd.
Arglwydd, cysegra ni yn dy wirionedd.

Arglwydd,
gelwaist ni'n aelodau o'th eglwys gatholig di
ar draws yr holl oesau a thrwy'r holl genhedloedd.
Llawenhawn ein bod wedi medru rhannu â'n gilydd
yr amrywiaeth o roddion a ymddiriedaist inni.
Gofynnwn iti faddau inni am gulni ein gweledigaeth,
    am bob balchder ffals,
    ac am fod mor ynysig fel i gael ein dallu
    rhag gweld cyfoeth dy deulu byd-eang.
Arglwydd, clyma ni ynghyd yn bobl i ti.

Arglwydd,
gelwaist ni i dystio i'r ffydd apostolaidd.
Llawenhawn ein bod wedi rhannu â'n gilydd mewn cenhadaeth ac efengylu.
Gofynnwn iti faddau inni
    ein diffyg hyder yn yr Efengyl,
    a'n diffyg ffyddlondeb yn ein tystiolaeth
    a'n diffyg gobaith yn atgyfodiad dy Fab, Iesu Grist.
Arglwydd, anfon ni ynghyd, yng ngrym dy Ysbryd.

Una ni, Arglwydd,
â'r holl bobloedd sydd heddiw yn dy foli,
    ym mhob iaith a diwylliant,
    pob cenedl a chyfandir,
fel y gallwn roi clod ynghyd i ti, Dduw pob gobaith,
a chael in llenwi ynghyd â phob llawenydd a thangnefedd,
wrth inni arfer ein ffydd,
nes bod,
trwy nerth yr Ysbryd Glân,
yn gorlifo â gobaith.
Amen.

GWEDDI MEWN CWRDD GWEDDI CENHADOL

Gwrandawn yn gyntaf ar Anogaeth Crist i'w ddisgyblion a'i Addewid iddynt:

Rhoddwyd i mi bob awdurdod yn y nef ac ar y ddaear. Ewch, gan hynny, a gwnewch ddisgyblion o'r holl genhedloedd, gan eu bedyddio hwy yn enw'r Tad a'r Mab a'r Ysbryd Glân, a dysgu iddynt gadw'r holl orchmynion a roddais i chwi. Ac yn awr, yr wyf gyda chwi bob amser hyd ddiwedd y byd. (Mathew 28:18-20).

Gweddïwn
Hollalluog Dduw,
ffynhonnell pob goleuni,
yr wyt ti wedi ein dysgu i weddïo
dros bawb,
ac wedi rhoi i ni archoffeiriad
a all gyd-ddioddef â'n gwendid ni,
gwrando arnom yn awr,
wrth inni weddïo arnat
yn y cwrdd gweddi cenhadol hwn.

Diolch i ti, O Dduw,
ein Creawdwr a'n Cynhaliwr,
   am i ti ddod yn gnawd
     a phreswylio yn ein plith,
   am roi i ni dy unig-anedig Fab
     yn Fugail ein heneidiau
     a Thywysog ein hiachawdwriaeth,
   am yr Efengyl sanctaidd sydd i'r holl fyd.

Moliannwn di,
   am ddigwyddiadau deinamig y Pentecost cyntaf,
   am yr hyder a'r grym a feddiannodd dy ddisgyblion
     pan ddaeth yr Ysbryd arnynt,
   am bawb a fu'n wrol dros y gwir,
   am genhadon, ym mhob cyfnod,
     a aeth â chyfoeth yr Efengyl i bob rhan o'r byd,
   am y bywydau a newidiwyd trwy nerth dy Air.

Mewn edifeirwch yr ymbiliwn arnat faddau i ni
    am beidio a 'chodi'n llygaid
        ac edrych ar y meysydd sy'n wyn ac yn barod i'w cynaeafu,
    am beidio ag agor ein dwylo
        i roi dŵr i'r sychedig a bara i'r newynog,
    am gau ein clustiau i riddfannau'r byd,
    am roi ffrwyn ar ein tafodau yn wyneb trais a gormes,
    am inni gael ein llethu gan chwantau
        a dymuniadau drwg ein calon ein hunain.

Trugarha wrthym,
Arglwydd,
ac adnewydda ynom yr argyhoeddiad
i ti weithredu yn dy Fab,
Iesu Grist,
er iachawdwriaeth y byd,
a gwneud
o un gwaed
bob cenedl o ddynion
i breswylio ar holl wyneb y ddaear.'

Gwared ni rhag gwadu
ein dynoliaeth gyffredin
a'n brawdoliaeth yng Nghrist.

Prysura'r dydd pan gaiff y byd ei lenwi â gwybodaeth o'th enw, ac
   . . . na fydd ardal cyn bo hir
     O'r dwyrain i'r gorllewin dir,
     Na byddo'r iachawdwriaeth ddrud
     Yn llanw cyrrau'r rhain i gyd.

Ac i ti,
yr unig wir Dduw,
y byddo'r gogoniant
yn oes oesoedd
Amen.

GWEDDI AR GYFER OEDFA FORE SUL

Ar fore Sul newydd, ein braint yw dod at orsedd gras
yn enw ein Harglwydd Iesu Grist, sydd bob amser yn eiriol ar ein rhan.

Cydnabyddwn nad oes iachawdwriaeth yn neb arall,
ac nad oes enw arall dan y nef wedi ei roi i ddynion,
y mae i ni gael ein hachub drwyddo.
Ef yw'r ffordd, a'r gwirionedd, a'r bywyd,
ac ni ellir mynd at y Tad ond trwyddo ef.

Deuwn atat, yn ei enw, i ddiolch i ti am dy ofal amdanom.
Diolch
am gyfeillion a chwmni,
am wersi a gwaith,
am y dydd Saboth ac am oriau tawel,
am ddistawrwydd a nefol asbri
sy'n dwyn tangnefedd i'r blinedig ei ysbryd a'r claf ei galon.

Cofiwn, a chyflwynwn i'th ofal y bore hwn, y rhai sy'n gorfod gweithio:
yr amaethwr sy'n porthi ei anifeiliaid;
y rhai a ddaw ag angenrheidiau bywyd i'n cartrefi;
y meddygon, a phawb sy'n gweini i glaf a chlwyfus.
Cofia'r rhai sy'n dysgu dy Air heddiw,
ac yn cyhoeddi dy wirionedd a'th gariad.

Dyro inni oll ysbryd i'th wasanaethu'n well,
a dyhead i'th wasanaethu'n ffyddlonach:
i wneud bob amser yr hyn a fo'n rhyngu dy fodd.

Bydd gyda ieuenctid ein gwlad, a chadw hwy ar dy lwybr di.
Bydd yn dad i'r amddifad ac yn gysgod i'r weddw.
Dyro nerth i'r gwan a diddanwch i'r galarus.

Taena gysgod dy adain drosom;
cadw ni rhag drwg;
cadw'n llygaid rhag edrych ar drygioni,
a'n tafod rhag traethu twyll,
a'n clustiau rhag gwrando ar anwiredd.

Diolch am yr Ysbryd Glân, sydd yn puro a glanhau.
Diolch am Iesu Grist, y Meddyg Da, sy'n gadarn i iacháu.
Diolch am y rhai sy'n pregethu'r Efengyl
ac yn dysgu'r Gair yn enw Iesu Grist.

Maddau i ni am fod mor ddifeddwl am bobl eraill:
am y tlodion a'r newynog yn y byd
sy'n dioddef oddi wrth afiechyd ac ofn.
Cofia'r tlawd, yr unig a'r digartref.

Beth a dalwn i ti, Arglwydd, am dy holl ddoniau i ni?
Ffiol iachawdwriaeth a gymerwn,
ac ar enw yr Arglwydd y galwn.
Yr un wyt ti yn dy gariad a'th ddaioni mawr tuag atom.
Edrychi ar weddi'r gwael, ac ni ddiystyri ei ddymuniad.
Y mae'r holl genhedloedd yn disgwyl wrthyt.

Dyledwyr ydym i gyd:
ni allwn fyth ddiolch digon i ti
am aberth dy fab, Iesu Grist,
dros ein pechodau ar groes Calfaria.
Diolchwn am gyfle ar fore Sul i fynegi ein diolch,
—i ddangos ein gwerthfawrogiad—
am i ti beri llawenydd a gorfoledd yn ein calonnau
drwy atgyfodiad rhyfeddol dy Fab
ar fore dydd cyntaf yr wythnos.

Bendigwn dy enw am dy drugaredd.
Yr wyt yn ein dilyn â'th fendith:
yn ein hamgylchu yn ôl ac ymlaen.
Daw dy fendithion i ni bob bore o'r newydd.
Mawr yw dy ffyddlondeb tuag atom.

Yr wyt yn gweld ein calonnau;
yn gwybod am bob peth sydd ynom:
y da a'r drwg,
y teimladau caredig a chas,
y cywir a'r anghywir.
Dyro dy ysbryd i ni fel yr elo'r drwg allan o'n bywyd.

Bydded myfyrdod ein calon a moliant ei gwefusau
yn gymeradwy ger dy fron.
Adnewydda'n hysbryd drwy dy ras.
Dyro i ni faddeuant
yn enw a haeddiant Iesu Grist,
ein Gwaredwr a'n Ceidwad.
Amen.

GWEDDI AR GYFER YSGOL SUL

Abba, Dad.
Diolchwn i ti am y rhyddid a feddwn i'th gyfarch Di fel hyn.
Plant i ti ydym, ac fel plant dymunwn fod yn agos atat,
dymunwn wrando arnat,
dymunwn ddilyn dy esiampl.

Iesu Grist, Fab.
Diolchwn am y modd y bu i ti ddangos inni
fel y mae'r Tad yn gofalu am ei blant.
Diolchwn am i ti'n dysgu ni
am bwysigrwydd ufudd-dod a disgyblaeth.

Ysbryd Glân, Goleuni'r Gair.
Diolchwn i ti fod y Gair yn goleuo'n llwybr.

O! Dad.
Mor fawr yw ein hangen amdanat.
Mae dy angen arnom yma yn yr Ysgol Sul.
Mae dy angen arnom
i roddi inni arweiniad,
i roddi inni sicrwydd,
i roddi inni hyder,
i'n hyfforddi yn dy Air.

Dad nefol.
Chwiliwn am dy faddeuant,
am bob diffyg a bai sydd yn ein bywyd,
ac am bob methiant ar ein rhan i'th ddilyn di yn well.
Daw ein hangen amdanat a'r maddeuant a gynigir yn Iesu Grist
yn fwy amlwg wrth astudio dy Air
a myfyrio ar y rhyfeddodau a ddatguddir inni gan apostolion a phroffwydi.
A dyna y ceisiwn ei wneud yn yr Ysgol Sul.

Cawn ein hatgoffa am arfer Iesu Grist
yn mynychu'r addoliad, gan ymroi i ddisgyblaeth a hyfforddiant.

Dysg ni i fod yn ddewr
fel y pysgotwyr hynny a adawodd y cyfan i ddilyn Iesu,
fel y gwragedd wrth groes eu Harglwydd,
fel Paul wrth wynebu dioddefaint a charchar.
Pobl wahanol oedd y rhain.
Paid a'n gadael ni i ofni bod yn wahanol
er dy fwyn di ac er mwyn dy Fab, Iesu Grist.
Amen.

Dyma lle gweithiwn ni drwy
GYNGOR Y GENHADAETH FYD-EANG

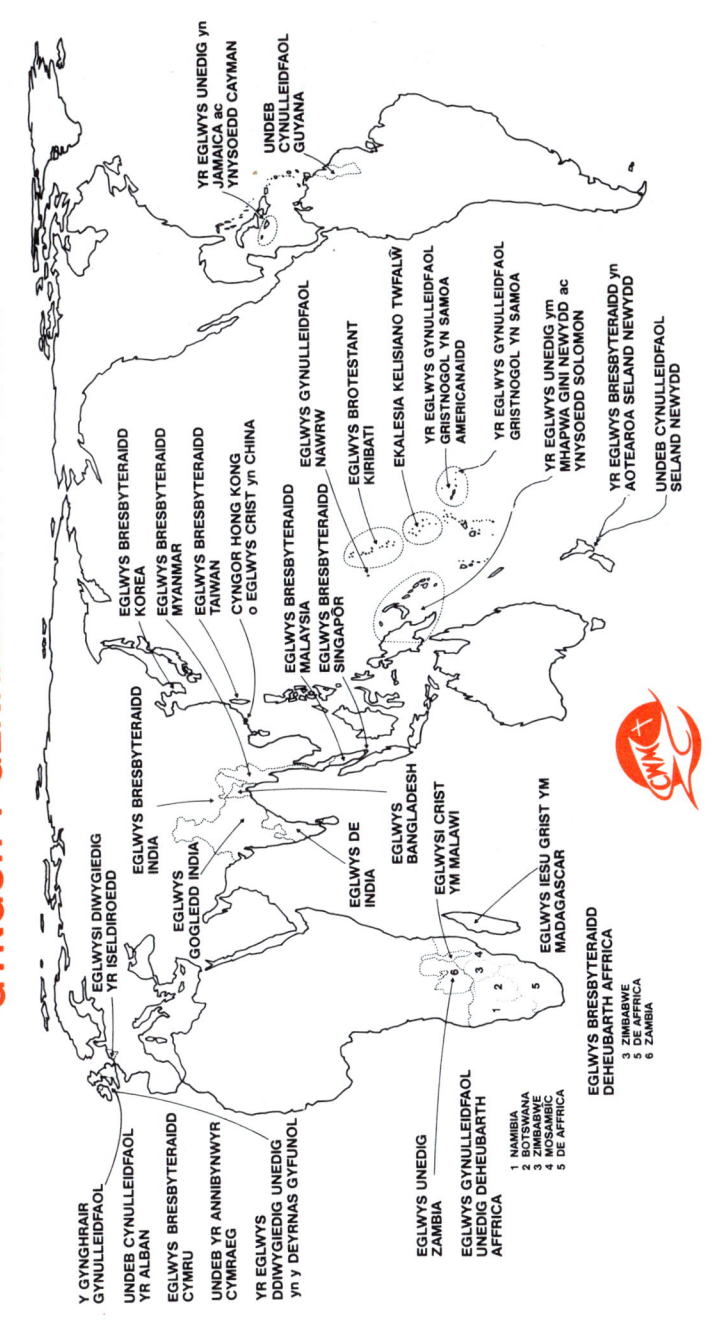

- Y CYNGHRAIR GYNULLEIDFAOL
- UNDEB CYNULLEIDFAOL YR ALBAN
- EGLWYS BRESBYTERAIDD CYMRU
- UNDEB YR ANNIBYNWYR CYMRAEG
- YR EGLWYS DDIWYGIEDIG UNEDIG yn y DEYRNAS GYFUNOL
- EGLWYSI DIWYGIEDIG YR ISELDIROEDD
- EGLWYS BRESBYTERAIDD INDIA
- EGLWYS GOGLEDD INDIA
- EGLWYS DE INDIA
- EGLWYS BRESBYTERAIDD KOREA
- EGLWYS BRESBYTERAIDD MYANMAR
- EGLWYS BRESBYTERAIDD TAIWAN
- CYNGOR HONG KONG o EGLWYS CRIST yn CHINA
- EGLWYS BRESBYTERAIDD MALAYSIA
- EGLWYS BRESBYTERAIDD SINGAPÔR
- EGLWYS BANGLADESH
- EGLWYSI CRIST YM MALAWI
- EGLWYS IESU GRIST YM MADAGASCAR
- EGLWYS UNEDIG ZAMBIA
- EGLWYS GYNULLEIDFAOL UNEDIG DEHEUBARTH AFFRICA
- EGLWYS BRESBYTERAIDD DEHEUBARTH AFFRICA
  1. NAMIBIA
  2. BOTSWANA
  3. ZIMBABWE
  4. MOSAMBIC
  5. DE AFFRICA
  6. ZAMBIA
- EGLWYS GYNULLEIDFAOL NAWRW
- EGLWYS BROTESTANT KIRIBATI
- EKALESIA KELISIANO TWFALŴ
- YR EGLWYS GYNULLEIDFAOL GRISTNOGOL YN SAMOA AMERICANAIDD
- YR EGLWYS GYNULLEIDFAOL GRISTNOGOL YN SAMOA
- YR EGLWYS UNEDIG ym MHAPWA GINI NEWYDD ac YNYSOEDD SOLOMON
- YR EGLWYS BRESBYTERAIDD yn AOTEAROA SELAND NEWYDD
- UNDEB CYNULLEIDFAOL SELAND NEWYDD
- YR EGLWYS UNEDIG yn JAMAICA ac YNYSOEDD CAYMAN
- UNDEB CYNULLEIDFAOL GUYANA